清华大学
平衡发展指数报告
（2022）

Tsinghua China Balanced Development Index 2022

白重恩　许宪春　刘涛雄　施新政　主编

清华大学出版社

北京

图书在版编目（CIP）数据

清华大学平衡发展指数报告 . 2022 / 白重恩等主编 . —北京：清华大学出版社，2024.5
ISBN 978-7-302-66275-4

Ⅰ . ①清…　Ⅱ . ①白…　Ⅲ . ①社会主义建设－研究报告－中国　Ⅳ . ① D61

中国国家版本馆 CIP 数据核字 (2024) 第 096508 号

责任编辑：纪海虹
封面设计：何凤霞
责任校对：王荣静
责任印制：杨　艳

出版发行：清华大学出版社
　　　　网　　　址：https://www.tup.com.cn，https://www.wqxuetang.com
　　　　地　　　址：北京清华大学学研大厦 A 座　　　　　　邮　　编：100084
　　　　社 总 机：010-83470000　　　　　　　　　　　　邮　　购：010-62786544
　　　　投稿与读者服务：010-62776969，c-service@tup.tsinghua.edu.cn
　　　　质 量 反 馈：010-62772015，zhiliang@tup.tsinghua.edu.cn
印 装 者：北京博海升彩色印刷有限公司
经　　销：全国新华书店
开　　本：185mm×260mm　　　　印　　张：8.25　　字　　数：131 千字
版　　次：2024 年 5 月第 1 版　　印　　次：2024 年 5 月第 1 次印刷
定　　价：145.00 元

产品编号：103879-01

本 书 作 者

白重恩　清华大学经济管理学院院长、教授

许宪春　国家统计局原副局长

刘涛雄　清华大学社会科学学院教授

施新政　清华大学经济管理学院副教授

刘精明　清华大学中国经济社会数据研究中心副主任，清华大学社会科学学院教授

郑正喜　厦门大学经济学院副教授，清华大学中国经济社会数据研究中心骨干研究人员

任　雪　重庆工商大学数学与统计学院讲师，清华大学中国经济社会数据研究中心骨干研究人员

胡亚茹　上海对外经贸大学统计与信息学院讲师，清华大学中国经济社会数据研究中心骨干研究人员

杨　静　中国劳动关系学院讲师，清华大学中国经济社会数据研究中心骨干研究人员

胡远宁　北京市园林绿化大数据中心数据应用科工程师，清华大学中国经济社会数据研究中心骨干研究人员

张美慧　山东财经大学统计与数学学院预聘制副教授，山东省"泰山学者"青年专家，清华大学中国经济社会数据研究中心骨干研究人员

雷泽坤　中央财经大学统计与数学学院助理教授，清华大学中国经济社会数据研究中心骨干研究人员

朱　莉　贵州财经大学大数据统计学院副教授，清华大学中国经济社会数据研究中心骨干研究人员

王　洋　对外经济贸易大学数字经济实验室助理研究员，清华大学中国经济社会数据研究中心骨干研究人员

彭　慧　上海财经大学统计与管理学院博士研究生，清华大学中国经济社会数据研究中心骨干研究人员

陈丹丹　西南财经大学统计学院副教授，清华大学中国经济社会数据研究中心骨干研究人员

唐　雅　南京大学政府管理学院助理研究员，清华大学中国经济社会数据研究中心骨干研究人员

周　融　上海财经大学统计与管理学院博士研究生，清华大学中国经济社会数据研究中心骨干研究人员

关会娟　首都经济贸易大学统计学院副教授，清华大学中国经济社会数据研究中心骨干研究人员

张　瑾　中国人民解放军 32179 部队助理研究员，清华大学中国经济社会数据研究中心骨干研究人员

彭肖肖　西南财经大学统计学院博士研究生，清华大学中国经济社会数据研究中心骨干研究人员

惠欣欣　西南财经大学统计学院博士研究生，清华大学中国经济社会数据研究中心骨干研究人员

张一凡　西南财经大学统计学院博士研究生，清华大学中国经济社会数据研究中心骨干研究人员

陈　香　清华大学社会科学学院博士研究生，清华大学中国经济社会数据研究中心骨干研究人员

清华大学中国经济社会数据研究中心
管理委员会名单

主　任

白重恩　清华大学经济管理学院院长、教授

副主任

欧阳沁　清华大学社会科学学院党委书记

钟笑寒　清华大学经济管理学院党委副书记、教授

委　员

苏　竣　清华大学智库中心主任、教授

杨永恒　清华大学文科建设处处长、教授

朱旭峰　清华大学公共管理学院院长、教授

陆　毅　清华大学经济管理学院经济系主任、教授

摘要
ABSTRACT

2020 年是一个极不寻常、极不平凡的年份。面对世界百年未有之大变局，在党中央的统一领导下，全国各族人民准确全面地贯彻新发展理念，着力推动高质量发展，主动构建新发展格局，蹄疾步稳推进改革，完成了脱贫攻坚、全面建成小康社会的历史任务，党和政府制定"十四五"规划和二〇三五年远景目标，迈上全面建设社会主义现代化国家新征程。在取得阶段性发展成就的同时，我国经济社会发展仍然面临着诸多困难与问题。2020 年我国发展不平衡不充分问题仍然突出，推进高质量发展还有许多卡点瓶颈，科技创新能力还不强；重点领域改革还有不少硬骨头要啃；城乡区域发展和收入分配差距仍然较大；群众在就业、教育、医疗、托育、养老、住房等方面面临不少难题；生态环境保护任务依然艰巨。

在此背景下，《清华大学平衡发展指数报告（2022）》紧扣新时代我国社会主要矛盾，在研究团队前期开发的中国平衡发展指标体系理论方法的基础上，从经济、社会、生态和民生四个领域出发，对我国平衡发展状况进行新一轮统计刻画和监测分析，重点分析新冠疫情下我国平衡发展的重点领域表现与主要特征。此外，本报告还结合南北差距和国际比较的研究议题，拓展清华大学中国平衡发展指数的理论方法体系，开展南北平衡发展指数和平衡发展国际比较的统计测度研究，从不同研究视角深入挖掘我国平衡发展所取得的成就，揭示平衡发展中的问题与不足，可以为我国开启全面建设社会主义现代化国家新征程提供决策参考。

根据中国平衡发展指数的测算结果，2020 年中国平衡发展指数为 56.55，较上年提高了 0.7。这表明，我国经济社会发展克服了新冠疫情带来的困难与挑战，整体上保持着稳步提升的平衡发展态势。相比上一年，2020 年经济、社会、生态和民生四大领域平衡发展指数取得了不同程度的增长：经济平衡发展指数由 54.52 上升至 54.81，社会平衡发展指数由 55.34 上升至 55.70，生态平衡发展指数由 58.17 上升至 60.36，民生平衡发展指数由 55.21 上升至 55.34。其中，生态平衡发展指数的增量最大，而经济、社会和民生领域平衡发展指数的增长势头则明显放缓。从对中国平衡发展指数的贡献上看，生态领域发展对平衡发展指数的贡献最为明显，其指数贡献率达 73.91%。从区域和城乡发展不平衡的角度看，2020 年我国地区发展不平衡程度为 0.20，与上一年基本持平；2020 年的城乡发展不平衡程度为 0.17，较上一年相对有所改善。

受新冠疫情的影响和冲击，2020 年各领域各方面的平衡发展呈现出较为复杂的态势和特征。

一是从经济领域看，在经济结构方面，我国坚持深化供给侧结构性改革，全面深化改革开放，顺应消费升级大势，推动产业结构调整，推动外贸稳中提质，虽受疫情冲击，居民消费与服务贸易仍表现为结构性升级调整；在创新驱动方面，创新要素向中心城市集聚，区域创新协调发展有积极变化，但基础研究占比偏低的问题仍比较突出；在基础设施方面，得益于乡村新一代信息基础设施的建立与完善，农村互联网普及率上升，数字经济将成为我国乡村振兴的新业态与新机遇。同时，欠发达地区铁路密度的提升和全国铁路物流圈的基本形成使得全国铁路网区域布局更加均衡；在人力资本方面，自 2014 年起我国劳动年龄人口的数量和比重连续 7 年出现双降，老年人口比重的上升加重了劳动年龄人口负担，这也意味着数字经济时代尤其需要强调人力资本的结构效益。

二是从社会领域看，我国的社会组织经历了长足的发展，全国每十万人社会组织数量由 2012 年的 37 个增加到 2020 年的 63 个，增幅十分可观。社会组织的管理模式不断规范化、制度化，为公共危机治理提供动力支持，助力我国治理体系和治理能力现代化发展。从社会保障角度看，疫情期间我国养老金仍保持连续上涨的趋势，养老保险的覆盖面持续提升，养老金替代率则因养老金的地方统筹加剧了区域发展的不平衡，在疫情和经济增长放缓的压力下，进一步完善多支柱养老保险体系，维护养老保险基金安全将是我国社会保障的政策重点。

三是从生态领域看，2020 年，我国绝大部分地区空气质量指数优良率保持增长趋势，细颗粒物（PM2.5）浓度和臭氧污染防治效果显著，地区不平衡程度均不同程度下降，空气质量全面改善。同时，我国环境治理发展指数和平衡发展指数都有大幅改善，主要得益于一般工业固体废物综合利用率显著提高，且区域不平衡程度有所缩小。2020 年，我国一般工业固体废物综合利用率为 55.45%，比 2017—2019 年 53% 左右的水平有显著改善。分地区看，相比 2019 年，2020 年各地区一般工业固体废物产生量均有所下降，这与新冠疫情的阶段性爆发有着密切联系。2020 年一般工业固体废物综合利用率的地区不平衡程度也得到显著改善，尤其是河南、陕西、贵州、重庆和甘肃等省的一般工业固体废物综合利用率水平得到了大幅度提升，缩小了地区间的发展差距。

四是从民生领域看，在收入方面，受新冠疫情的影响，2020 年居民人均可支配收入增速明显回落，但城乡和区域收入差距有所改善，居民人均消费支出受疫情冲击也表现乏力，但互联网消费新模式表现强劲，以网络购物为代表的新型消费模式发展迅速；在就业方面，2020 年初受新冠疫情的冲击，市场就业机会明显不足，就业压力加大，失业率明显上升，而随着党和政府统筹疫情防控，推出减负稳岗扩就业一系列政策举措，就业形势得到了改善，到 2020 年末，就业形势基本趋于平稳；在教育方面，我国高中教育普及率稳健提高，地区发展不平衡的问题逐年好转，高中及义务教育体系建设日趋完善；在医疗健康方面，医疗卫生服务体系不断完善，新冠疫情防控工作持续推进，人民健康水平稳步提升。

此外，从南北平衡发展差距的专题研究上看，2011—2020 年我国南北总体经济平衡发展水平显著提高，南方经济发展水平和速度均高于北方。南北方地区经济发展内部不平衡，总体上均呈下降趋势，南方地区降幅更加明显，且地区不平衡程度明显低于北方；南方经济总体发展水平、经济效益和高技术产业发展势头好于北方，且优势逐渐扩大；北方在基础设施和人力资本方面存在一定优势，但优势在逐渐缩小。南北创新驱动平衡发展水平显著提高，但南方创新驱动发展水平和发展速度显著高于北方；南北民生福祉平衡发展指数均呈持续上升趋势，由北方占优转向南方领先。但内部不平衡总体上均呈波动下降趋势，北方地区不平衡程度仍明显高于南方，南北方地区民生福祉发展损失处于较低水平。南方绿色生态领域平衡发展水平高于北方，两者之间差距小幅度增大。

根据平衡发展的国际比较专题研究，我国平衡发展的国际比较总指数和各领域发展指数均呈现明显的上升趋势。其中，经济发展国际比较指数上升最为显著，其次是社会发展国际比较指数和民生发展国际比较指数，生态发展国际比较指数增长最为缓慢。在82个参评国家中，我国平衡发展国际比较总指数排名呈上升趋势，由2010年的第62位上升至2020年的第50位。从不同领域上看，社会发展国际比较指数排名上升趋势最为明显，其次是经济发展国际比较指数，排名较为靠后的是生态发展国际比较指数，排名上升最为缓慢且变化最小的是民生发展国际比较指数。

目 录

CONTENTS

图表目录

LIST OF ILLUSTRATIONS

第一章

前言

党的十九大报告指出，党的二十大报告进一步明确，中国特色社会主义进入新时代，我国社会主要矛盾已转化为人民日益增长的美好生活需要和不平衡不充分的发展之间的矛盾。这一论断深刻揭示了我国经济社会发展的客观实际，发展不平衡不充分问题已成为满足人民日益增长的美好生活需要的主要制约因素，是我国实现高质量发展亟待破解的难题，对哲学社会科学提出了新的重大研究需求。在此背景下，清华大学中国经济社会数据研究中心联合清华大学经济管理学院、清华大学社会科学学院成立了"中国平衡发展指数研究"课题组，开展了这一极富理论和现实意义的时代课题研究，致力于我国经济社会发展重大问题的统计监测研究，深入分析和挖掘发展中的成绩与问题，为推动经济社会高质量发展提供决策依据。

作为首个从我国社会主要矛盾出发、反映整体发展不平衡不充分程度的综合评价和分析工具，清华大学中国平衡发展指数紧密围绕社会主要矛盾的变化趋势，聚焦经济社会发展的重大问题，具体化了十九大报告中对我国社会主要矛盾论述的内涵，定量刻画了我国平衡发展的程度，并持续推动指数理论方法与实证研究的不断创新，形成指数发布的常态化机制。自2019年4月以来，课题组在清华大学召开了三期《清华大学中国平衡发展指数报告》发布会，研究成果得到了与会专家的充分肯定，获得媒体积极广泛报道。同时，课题组深入推动指数编制成果与学术研究的有机结合，完成了多篇学术论文并发表在《管理世界》《统计研究》和《中国工业经济》等高水平学术期刊上。

2020 年是极不平凡的一年，"十三五"时期经济社会发展规划的各项战略目标完美收官，脱贫攻坚战和全面建成小康社会取得决定性成就，中国作为负责任的新型大国赢得日益广泛的国际赞誉。当今世界正经历百年未有之大变局，突如其来的新冠疫情严重威胁到人民生命安全和身体健康，如何统筹疫情防控和经济社会发展、以最小代价实现最大防控效果，是一道新的世界性难题。在以习近平同志为核心的党中央坚强领导下，我们坚持人民至上、生命至上，坚持动态清零不动摇，开展抗击疫情人民战争、总体战、阻击战，最大限度保护了人民生命安全和身体健康，统筹疫情防控和经济社会发展取得重大积极成果，经济发展和疫情防控保持全球领先，构建新发展格局迈出新步伐，高质量发展取得新成效，如期全面建成小康社会，实现第一个百年奋斗目标，开启全面建设社会主义现代化国家新征程。

当前，我国已转向高质量发展阶段，制度优势明显，社会大局稳定，经济长期向好，发展韧性强劲，继续发展具有多方面优势和条件。但受新冠疫情冲击影响，叠加国际形势中的各种不确定不稳定因素，我国经济社会各领域发展仍然面临着诸多困难和挑战，发展不平衡不充分问题仍然突出，重点领域关键环节改革任务仍然艰巨，创新能力不适应高质量发展要求，农业基础还不稳固，城乡区域发展和收入分配差距较大，生态环保任重道远，民生保障存在短板，社会治理还有弱项。

为充分认识疫情背景下我国经济社会发展的复杂深刻变化，《清华大学中国平衡发展指数报告（2022）》延续中国平衡发展指数的编制理论与方法，紧扣我国社会主要矛盾，结合发展不平衡不充分问题的一些新情况新变化，从经济、社会、生态和民生四个领域对我国平衡发展进程进行监测，反映我国平衡发展成就，揭示平衡发展中的不足，为助力我国开启全面建设社会主义现代化国家新征程提供决策参考。

与此同时，为了揭示我国南北差距的主要领域与具体表现和平衡发展的国际比较分析，报告以清华大学中国平衡发展指数的理论方法体系为基础，开展南北平衡发展指数测度和平衡发展国际比较测度的专题研究。一方面，本报告第一个专题将从多要素、多指标综合测度南北差距，全面、客观地判定我国南北差距的特征与发展趋势；另一方面，本报告第二个专题将以平衡发展指标体系为基础，结合联合国可持续发展目标2030及国际统计数据的可获得性，确定平衡发展的国际比较分析指标体系，开展国际比较统计测度与分析，深入剖析中国在不同维度上的发展成效与不足。

第二章

中国平衡发展指数理论方法

新时代社会主要矛盾的转化，从满足"物质文化需要"到满足"美好生活需要"，从解决"落后的社会生产"问题到解决"不平衡不充分的发展"问题，适应了我国发展的阶段性要求，体现了党中央以人为本的发展理念和与时俱进的发展观。为了做好中国平衡发展指数的编制工作，我们重点从社会主要矛盾的两个方面出发，广泛搜集和梳理国内外相关指数的研究状况，在学习、研讨和借鉴的过程中形成中国平衡发展指数的编制思路。

从人民美好生活需要的角度看，相关的指数研究主要围绕如何综合评价生活水平展开，且国内外学者常常采用"民生""福祉""幸福值""生活质量"等概念进行定量评价和分析。目前，人们已经普遍认识到 GDP 指标的局限性，逐渐淡化了以单一产出指标直接评价生活水平。不过，由于其复杂性，对于如何设计超越 GDP 的综合测度工具，不同学者的理解莫衷一是，评价的出发点也千差万别，由此产生的指数不计其数。从国际上看，联合国开发计划署编制的人类发展指数[①]、经济合作与发展组织编制的美好生活指数[②]、社会进步协会编制的社会进步指数[③]是超越 GDP 的发展测度的代表性研究；在国内，围绕总体发展或某一特定领域发展的综合评价指数同样不胜枚举，如国务院发展研究中心"中国民生指数研究"

---

① UNDP. Human Development Report 2016[R/OL]. https://doi.org/10.18356/6d252f18-en, 2017.
② OECD. How's Life? 2017: Measuring Well-being[R/OL]. https://doi.org/10.1787/how_life-2017-en, 2017.
③ Porter M E, Stern S, Green M. Social Progress Index 2017[R]. Washington, 2017.

课题组编制的中国民生指数 [①]、国家统计局编制的小康指数 [②]、北京师范大学"中国民生发展报告"课题组编制的中国民生发展指数 [③]、中国人民大学中国调查评价中心编制的中国人民大学中国发展指数 [④] 等。

从发展不平衡不充分的角度看，学者通常不是直接以不平衡或不充分的字眼开展研究的。较为常见的是针对收入分配、教育、医疗等领域的不平等问题的统计研究，它们一般采用基尼系数、泰尔指数、贫困指数等不平等测度方法对相关问题展开测度和分析。此外，还包括一些针对性别问题的研究，如性别不平等指数、全球性别差距报告 [⑤] 等，以及针对领域之间发展不均衡的指数，如我国经济社会协调发展的测度研究 [⑥] 等。

综合来看，相关的指数研究在测度目标和评价方式上侧重点有所不同，我们认为大致可将其分为三类：一是直接的发展水平测度，比如人类发展指数、中国民生指数等；二是不平等程度测度，比如侧重反映收入分配领域分配不平等程度的贫困指数、基尼系数、泰尔系数等，又如性别不平等指数、全球性别差距报告和美好生活指数框架下的不平等测度等；三是考虑不平衡因素的发展水平测度，可见的研究成果包括但不仅限于联合国开发计划署在人类发展指数基础上建立的经不平等调整的人类发展指数。

需要指出的是，国内测度发展水平的众多指数一定程度上可以看作对发展充分性的衡量，但很少能够兼顾对平衡性的衡量，不足以反映社会主要矛盾及其变化。而少数几个国际指数尽管在编制过程中考虑了发展不平衡（或不平等）因素，但其评价体系的设计往往倾向于西方发达国家，不适用于反映我国现阶段实际情况。这意味着现有的指数或是没有考虑发展不平衡问题，或是即便考虑了但不具

---

① 张玉台，吴晓灵，韩俊，等 . 我国民生发展状况及民生主要诉求研究——"中国民生指数研究"综合报告 [J]. 管理世界，2015（2）：1-11.

② 潘璠，杨京英 . 中国全面建设小康社会监测报告 [M]. 北京：社会科学文献出版社，2011.

③ 唐任伍 . 中国民生发展指数总体设计框架 [J]. 改革，2011（9）：5-11.

④ 袁卫，彭非 . 中国发展指数的编制研究 [J]. 中国人民大学学报，2007（2）：1-12.

⑤ World Economic Forum. The Global Gender Gap Report 2017[R/OL]. http://www3.weforum. org/docs/WEF_GGGR_20017.pdf.

⑥ 范柏乃，张维维，贺建军 . 我国经济社会协调发展的内涵及其测度研究 [J]. 统计研究，2013, 30（7）：3-8.

有适用性。鉴于此，中国平衡发展指数以习近平新时代中国特色社会主义思想和党的十九大精神为指导，以人民美好生活需要为出发点和落脚点，在深入学习和理解社会主要矛盾科学内涵的基础上，建立平衡发展指标体系，制定科学的指数编制方法，进而监测和反映我国平衡发展状况与进程。

一、目标定位

中国平衡发展指数以习近平新时代中国特色社会主义思想和党的十九大精神为指导，以人民美好生活需要为出发点和落脚点，从我国社会主要矛盾出发，建立平衡发展指标体系，制定科学的指数编制方法，对发展的不平衡不充分程度进行评价，对平衡发展的进程进行监测，反映我国平衡发展成就，揭示平衡发展中的不足，为制定宏观政策提供依据，推动经济发展、促进社会进步、改善生态环境、提升民生福祉，更好地满足人民对美好生活的需要。

二、编制思路

正确认识和准确把握十九大提出的社会主要矛盾两个方面的科学内涵，是奠定平衡发展指数理论基础的必要工作。课题组结合实地调研和专家论证会建议，深刻认识我国社会主要矛盾转化的现实背景和实践基础，充分理解人民美好生活需要和发展不平衡不充分的具体内涵，建立指标体系，并研究设计指数编制方案。

（一）人民对美好生活的需要内涵

随着社会生产力显著提高和我国综合国力的不断增强，人民对美好生活的需要内涵逐渐多元化，过去的社会主要矛盾表述已经不能准确反映我国发展现状。中国特色社会主义进入新时代，人们对美好生活的向往已不再局限于物质文化需要，而是已经突破个体或家庭微观层面的福利概念，形成了更为广泛的社会综合发展观。通过对习近平新时代中国特色社会主义思想和党的十九大报告的深入学习，并经过实地调研和开展专家论证会，本课题对新时代我国基本国情进行认真分析，将人民对美好生活的需要内涵总结归纳为以下四个方面。

1. 经济

经济持续健康发展是提高人民生活水平的先决条件，是丰富人们物质和精神生活的基本保障。党的十九大报告指出，我国经济已由高速增长阶段转向高质量发展阶段，正处在转变发展方式、优化经济结构、转换增长动力的攻关期，建设现代化经济体系是跨越关口的迫切要求和我国发展的战略目标。必须坚持质量第一、效益优先，以供给侧结构性改革为主线，推动经济发展质量变革、效率变革、动力变革，提高全要素生产率。因此，经济发展应包括经济结构的优化、经济质量和效益的提高、对外开放新格局的打造和经济发展潜力的提升等内容。综上所述，本研究确定经济领域平衡发展指数，构建经济效益、经济结构、创新驱动、基础设施和人力资本5个方面的二级指标。

2. 社会

社会进步是满足人民对美好生活的需要，以及提升人民获得感的重要部分。党的十九大报告提出要建成法治国家、法治政府和法治社会，要不断促进社会公平正义，形成有效的社会治理、良好的社会秩序，加强社区治理体系建设，实施健康中国战略。社会公平作为社会稳定发展的基础，是人类追求美好生活的一个永恒主题。没有高度的文化自信及文化的繁荣兴盛，就没有中华民族伟大复兴，社会文明作为我国文化发展的远景目标，是我国文化建设的灵魂。建设社会主义文化强国，需激发全民族文化创新活力，提高人民思想觉悟、道德水准及文明素养，从而提高全社会文明程度。深入依法治国、打造安全安定的社会环境，也是全面建成小康社会、实现中华民族伟大复兴中国梦的迫切需要。党的十九大报告在加强和创新社会治理领域提出要建立共建共治共享的社会治理格局。党的十九大报告还强调要加强社会保障体系建设，明确提出按照兜底线、织密网、建机制的要求，全面建成覆盖全民、城乡统筹、权责清晰、保障适度、可持续的多层次社会保障体系。综上所述，本研究确定社会领域平衡发展指数，构建社会文明、社会公平、社会安全、社会治理与社会保障5个方面的二级指标。

3. 生态

把生态文明建设融合贯穿到经济、政治、文化、社会建设的各方面和全过程是实现经济社会平衡发展、满足人民美好生活需要的重要保障。党的十九大报告明确指出，我们要建设的现代化是人与自然和谐共生的现代化，既要创造更多物质财富和精神财富以满足人民日益增长的美好生活需要，也要提供更多优质生态产品以满足人民日益增长的优美生态环境需要。长期以来，我国经济保持高速增长，经济实力显著提高、人民生活水平明显上升，但与此同时伴随的高消耗、高排放与高污染导致了我国资源约束趋紧、环境污染严重、生态系统退化等现象，存在生态环境不平衡、不协调、不可持续的问题，良好的生态环境成为人民美好生活的迫切需求。监测生态环境的平衡发展，不仅需关注大气、水和土壤等方面的环境质量问题，固废气液等环境污染物的监管与治理，还需关注环境风险和生态系统等方面。综上所述，本研究确定生态领域平衡发展指数，构建空气质量、水质量、土壤质量、环境治理与生态保护5个方面的二级指标。

4. 民生

发展的根本目的是更好地保障和改善民生。我国社会主要矛盾的转化，要求更好地贯彻以人民为中心的发展思想。民生工作离老百姓最近，同老百姓生活最密切。与人民美好生活的需要最直接联系的就是民生发展。只有坚持在发展中保障和改善民生，解决好群众最关心、最直接、最现实的利益问题，不断促进社会公平正义，使人民更有获得感、幸福感、安全感，才能更好地满足人民对美好生活的需要。随着人民生活水平不断提高，人民群众的需要呈现多样化、多层次、多方面的特点，民生发展面临的宏观环境和内在条件都在发生变化，过去有饭吃、有学上、有房住是基本需求，现在人民群众有收入稳步提升、优质医疗服务、教育公平、住房改善等更多层次的需求。习近平总书记指出，与人民群众生活最密切相关的问题包括就业、教育、住房等方面，民生发展要从人民群众最关心、最直接、最现实的利益问题入手，统筹做好教育、收入分配、就业、医疗卫生、住房等方面的工作。综上所述，本研究确定民生领域平衡发展指数，构建收入、就业、居住、教育与医疗健康5个方面的二级指标。

综合而言，满足人民对美好生活的需要要以经济发展为前提，以社会进步和生态环境为保障，最终立足于更好地保障和改善民生福祉。因此，为了充分反映现阶段我国人民美好生活需要的内涵，我们基于经济、社会、生态和民生四大领域来构建平衡发展指数的基本框架。

（二）发展不平衡不充分的内涵及其衡量方式

平衡发展指数，是在人民对美好生活需要的内涵框架下对发展不平衡不充分程度的定量刻画。这首先需要充分理解发展不平衡不充分的内涵，并分别确定合适的衡量方法。根据党的十九大报告，课题组深入提炼了发展不充分和发展不平衡的内涵，并设计了相应的测度方法。

党的十九大报告指出，我国经济社会发展已经取得了巨大成就，但与发达国家相比，与实现人民美好生活需要相比，还是相对落后的，即发展不充分。发展不充分是一种相对状态，主要体现在发展质量和效益还不高，创新能力不够强，资源利用效率有待提升，社会事业有待充分发展，生态环境有待充分改善，民生短板有待弥补。发展不充分是指各领域当前发展水平相对于发达国家和地区的发展水平尚存在发展不足，发展的任务仍然很重。衡量发展的不充分程度归根到底是衡量经济、社会、生态、民生等领域发展的相对程度，可以通过标准化处理的方式来测度发展不充分。

党的十九大报告指出，现阶段我国发展不平衡主要表现为区域和城乡发展不平衡。其中，区域不平衡主要是指地区发展和收入分配差距依然较大，东、中、西、东北各个区域不平衡，发达地区与欠发达地区不平衡；城乡不平衡主要是指城乡居民在收入、就业、养老、医疗、教育、基础设施等领域存在较大差距，城乡二元结构问题依然严重。因此，发展不平衡是经济社会发展过程中所产生的一些系统性结构问题，主要表现为区域（地区）和城乡发展水平高低不齐，存在较为突出的不平等、不均衡的现象。从地区与城乡两个角度对各个领域发展的不平衡程度展开综合性测度是衡量发展不平衡的重要突破口。二者具体的测度方式如表 2-1 所示。

表 2-1　发展不平衡类型及其测度方式 ①

不平衡类型	测 度 方 式
地区不平衡	基于我国省际数据，采用基尼系数方法计算领域发展的区域不平衡程度，进而换算为地区平衡调整系数
城乡不平衡	基于我国城乡数据，采用基尼系数方法计算领域发展的城乡不平衡程度，进而换算为城乡平衡调整系数

---

① 平衡调整系数的计算方法及其调整方式详见附录 G。

（三）设计框架

从平衡发展指数的编制目标出发，本书课题组在社会主要矛盾内涵的基础上，充分结合实地调研和专家论证会的意见，将人民美好生活需要与发展不平衡不充分的衡量视角相融合，从而确立平衡发展指数的研究框架。一是从理论角度出发，综合考虑了与人民美好生活需要相关的重点领域和现实特征，将经济、社会、生态和民生四个维度分解和细化，形成相应的二级指标体系，具体研究框架如图 2-1 所示；二是针对每个二级指标，侧重理论与实践相结合，考察发展不平衡不充分的主要表现形式，选择各领域重要且具有代表性的三级指标。一方面，该指标须在理论上是相应二级指标的发展程度的一种重要量度；另一方面，该指标应是该方面所有相关指标中最具有代表性且是发展不平衡不充分的恰当量度指标之一。需要特别说明的是，在进行不平衡测度时，课题组结合宏观统计数据的可获得性和清华大学相关学科的研究成果，进一步确定重点反映发展不平衡的主要指标。

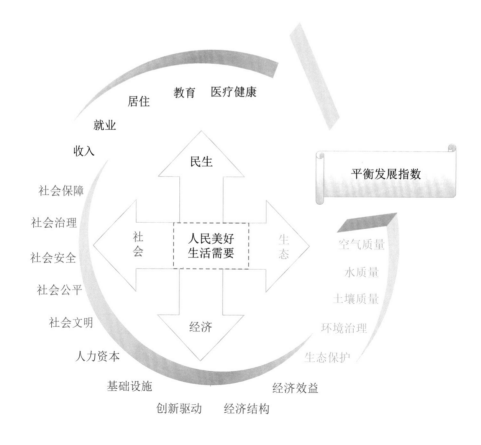

图 2-1　平衡发展指数的研究框架

综上所述，形成平衡发展指数的设计思路如图 2-2 所示，首先通过选取代表性指标刻画各领域各方面的发展水平和程度，考察发展的充分性问题；其次，结合现实问题深入分析各重点领域的地区和城乡不平衡，通过不平衡测度构造调整系数对发展水平进行调整。

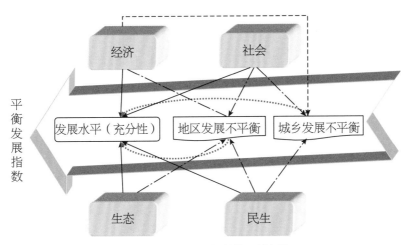

图 2-2 平衡发展指数的设计思路

三、指标体系

在平衡发展指数开发之初，我们确定了包含 4 个一级指标、20 个二级指标和 49 个三级指标的指标体系。过去三轮指数编制的经验表明，这套指标体系是反映我国社会主要矛盾的有力工具，为监测和分析我国平衡发展的主要成绩和问题提供了重要数据。然而，随着我国经济社会的不断发展，我国社会主要矛盾的基本性质没有改变，但发展不平衡不充分的深层次问题发生了深刻变化。一些矛盾比较尖锐的问题得到了缓和，一些领域发展不平衡不充分问题的表现形式发生了转化，也有一些新的社会问题逐渐凸显。面对这些新情况新变化，平衡发展指数的指标体系需要适时更新，这样才能与时俱进地刻画和反映我国社会主要矛盾的发展变化。

因此，在本轮指数编制过程中，我们总体上沿用了原指标体系的研究框架，着重对三级指标进行了更新和调整（指标体系更新细节详见附录 B）。更新后的指标体系如表 2-2 所示。其中，经济领域主要考察与经济持续健康发展相关的影响因素，从经济效益、经济结构、创新驱动、基础设施、人力资本 5 个方面分别衡量，设置了 13 个三级指标；社会领域主要考察新时代促进社会进步的相关影响因素，从社会文明、社会公平、社会安全、社会治理和社会保障 5 个方面分别衡量，设置了 12 个三级指标；生态领域主要考察加快生态文明建设的相关影响因素，从空气质量、水质量、土壤质量、环境治理与生态保护 5 个方面分别衡量，设置了 11 个三级指标；民生领域主要考察保障和改善民生福祉的影响因素，从收入、就业、居住、教育和医疗健康 5 个方面分别衡量，设置了 15 个三级指标。

表 2-2 平衡发展指数指标体系

一级指标	二级指标	序号	三 级 指 标	指标方向	不平衡类型	
					地区	城乡
1. 经济	经济效益	1	人均 GDP	正向	●	
		2	能源产出率	正向	●	
		3	资本产出率	正向	●	
	经济结构	4	居民消费率	正向		
		5	服务贸易占对外贸易比重	正向		
	创新驱动	6	数字经济增加值占比	正向		
		7	R&D 经费投入强度	正向	●	
		8	万人发明专利拥有量	正向		
	基础设施	9	互联网普及率	正向	●	●
		10	铁路密度	正向		
		11	城市交通承载力	正向		
	人力资本	12	劳动年龄人口占比	正向		
		13	劳动年龄人口平均受教育年限	正向		
2. 社会	社会文明	14	人均接受图书馆服务次数	正向	●	
		15	人均文化事业费	正向	●	
	社会公平	16	居民人均收入基尼系数	逆向		
		17	劳动就业中的性别差异	逆向		
	社会安全	18	亿元 GDP 生产安全事故死亡人数	逆向	●	
		19	刑事犯罪率	逆向		
	社会治理	20	每十万人社会组织数量	正向	●	
		21	每十万人拥有律师数	正向	●	
	社会保障	22	养老金替代率	正向	●	●
		23	养老保险覆盖率	正向	●	
		24	医疗自付比	逆向	●	
		25	贫困发生率 *	逆向		

续表

一级指标	二级指标	序号	三级指标	指标方向	不平衡类型 地区	不平衡类型 城乡
3. 生态	空气质量	26	空气质量指数优良率	正向	●	
		27	细颗粒物（PM2.5）浓度未达标率	逆向	●	
		28	臭氧浓度	逆向	●	
	水质量	29	地表水劣于 V 类水体比例	逆向	●	
		30	河流水质状况 III 类以上占比	正向		
	土壤质量	31	单位耕地面积化肥施用量	逆向	●	
		32	单位耕地面积农药使用量	逆向	●	
	环境治理	33	一般工业固体废物综合利用率	正向	●	
		34	城市日均污水处理能力	正向	●	
	生态保护	35	生态质量优良县域面积占国土面积比重	正向		
		36	造林面积	正向		
4. 民生	收入	37	居民人均可支配收入	正向	●	●
		38	居民人均消费支出	正向	●	●
	就业	39	求人倍率	逆向		
		40	调查失业率	逆向		
		41	就业参与率	正向	●	
	居住	42	城镇人均住房建筑面积	正向	●	
		43	房价收入比	逆向	●	
		44	农村居住便利设施普及率	正向	●	
	教育	45	高中毛入学率	正向		
		46	高中及以下阶段生师比	逆向	●	
		47	高中及以下阶段生均公共财政预算公用经费支出	正向	●	
	医疗健康	48	婴儿死亡率	逆向		●
		49	每千人口卫生技术人员数	正向	●	●
		50	出生时预期寿命	正向		
		51	每千老年人口养老床位数	正向	●	

注：加 * 指标由于数据可得性原因，暂未纳入 2011—2018 年平衡发展指数的计算。

●：存在该不平衡类型。

四、计算流程与方法

平衡发展指数的计算按照"数据预处理→三级指标标准化（发展指数）与不平衡调整系数的计算→三级平衡发展指数→二级指数→一级指数→总指数"的流程展开，其计算流程如图 2-3 所示。具体的计算过程与说明详见附录 F。

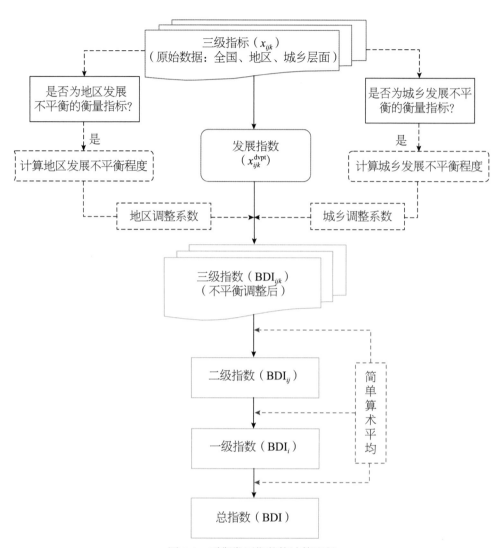

图 2-3　平衡发展指数的计算流程

第三章

2020 年平衡发展指数测算结果分析

一、平衡发展总体趋势与变动分析

2020 年是新中国历史上极不平凡的一年，在以习近平同志为核心的党中央的坚强领导下，各地区统筹疫情防控和经济社会发展，各族人民攻坚克难、顽强拼搏，疫情防控取得重大成果，脱贫攻坚取得全面胜利，决胜全面建成小康社会取得决定性成就。纵观经济、社会、生态和民生四大领域，我国经济运行逐步恢复常态，在全球主要经济体中唯一实现经济正增长；社会保持和谐稳定，依法行政不断加强；生态文明建设不断推进，污染防治成效显著；稳就业、保民生措施有力有效，人民生活得到切实保障。

2020 年，我国发展指数和平衡发展指数均呈平稳上升态势，但受疫情影响，其增幅较以往有所下降。其中，发展指数为 65.37，较 2019 年上升 0.48；平衡发展指数为 56.55，较 2019 年提高了 0.74；由不平衡导致的发展损失[①]为 13.5%，较 2019 年明显下降（图 3-1）。具体而言，2020 年，我国经济、社会、生态和民生领域平衡发展均取得了一定的发展成绩。2019—2020 年，经济平衡发展指数由 54.52 上升至 54.81；社会平衡发展指数由 55.34 上升至 55.70；生态平衡发展指数由 58.17 上升至 60.36；民生平衡发展指数由 55.21 上升至 55.34（图 3-2）。

---

① 发展损失的概念源于阿特金森指数（Atkinson's index）。本报告主要参考人类发展指数（Human Development Index，HDI）的做法，其计算方法详见附录 G。

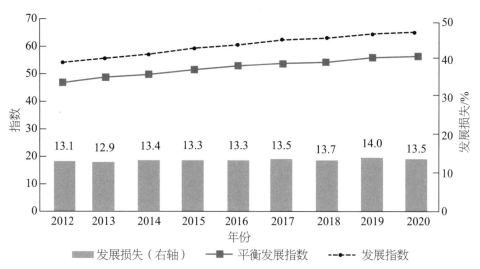

图 3-1 中国总体平衡发展指数、发展指数及发展损失

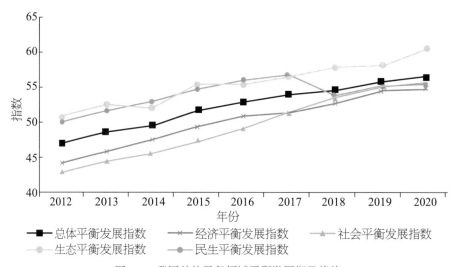

图 3-2 我国总体及各领域平衡发展指数趋势

从各领域对平衡发展指数改进的贡献来看（表 3-1，图 3-3），2020 年生态领域贡献最为明显。具体而言，生态领域平衡发展指数上升了 2.20，贡献率高达 73.91%。而经济领域、社会领域、民生领域受疫情影响较大，较 2019 年平衡发展指数上升幅度较小，分别上升了 0.29、0.36 和 0.13，贡献率分别为 9.71%、12.06% 和 4.31%。

表 3-1 2015—2020 年我国平衡发展指数改进分解

年份	2015	2016	2017	2018	2019	2020
平衡发展指数变动	2.09 (100%)	1.23 (100%)	1.09 (100%)	1.20 (100%)	1.35 (100%)	0.74 (100%)
经济领域改进	1.66 (19.88%)	1.48 (30.10%)	0.63 (14.36%)	1.19 (24.78%)	1.93 (35.76%)	0.29 (9.71%)
社会领域改进	1.88 (22.51%)	1.84 (37.28%)	2.04 (46.63%)	2.24 (46.94%)	1.78 (33.01%)	0.36 (12.06%)
生态领域改进	3.06 (36.64%)	0.39 (7.81%)	1.04 (23.79%)	1.29 (26.99%)	0.33 (6.12%)	2.20 (73.91%)
民生领域改进	1.75 (20.97%)	1.22 (24.82%)	0.67 (15.22%)	0.06 (1.29%)	1.36 (25.11%)	0.13 (4.31%)

注：由于 4 个领域是等权重的，平衡发展指数变动等于 4 个领域改进的简单算术平均，括号内为贡献率。此外，为保证可比，计算 2018 年平衡发展指数改进分解时，未将调查失业率纳入 2018 年平衡发展指数的计算。

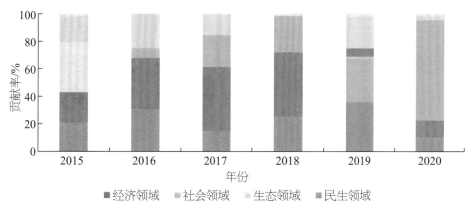

图 3-3 2015—2020 年四大领域平衡发展的贡献率

注：领域贡献率 =(1/4×某领域改进)/ 平衡发展指数变动。

二、分领域平衡发展指数的趋势与变动分析

（一）经济领域

2020 年，我国经济领域平衡发展指数为 54.81，较 2019 年上升 0.29；发展指数为 64.25，较 2019 年上升 0.81；在发展损失方面，与 2019 年相比有所上升，从 2019 年的 14.07% 上升至 14.70%（图 3-4），说明经济领域发展的不平衡程度有所扩大。

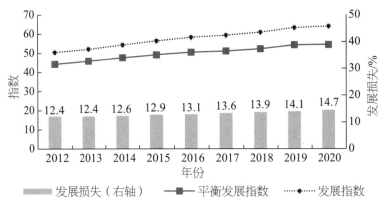

图 3-4　2012—2020 年经济领域平衡发展指数、发展指数及发展损失

具体来看，2019—2020 年经济领域内部平衡发展指数变化各异（图 3-5）。其中，由于以 5G 为代表的新一代数字技术加快应用，以及研究与试验发展（R&D）经费持续加大投入，创新驱动快速增长，创新驱动平衡发展指数从 2019 年的 51.87 上升至 57.01。随着"三大攻坚战"取得决定性成就，绝对贫困历史性消除，贫困地区的基础设施和公共服务水平显著提升，基础设施平衡发展指数从 2019 年的 46.08 上升至 49.27。经济效益稳步上升，其平衡发展指数从 2019 年的 49.52 上升至 50.13。受新冠疫情等多种因素影响，我国居民消费率、服务贸易规

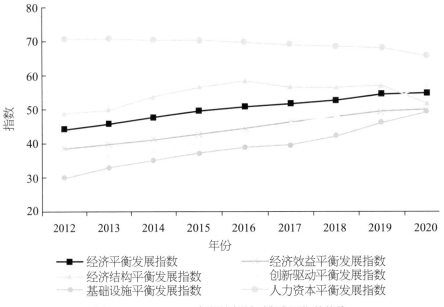

图 3-5　2012—2020 年经济领域平衡发展指数趋势

模均呈现一定程度的下降，经济结构平衡发展指数从 2019 年的 57.07 下降至 51.97。同时，由于我国人口结构开始朝老龄化发展，劳动年龄人口占比呈下降趋势，导致人力资本平衡发展指数持续下降，2020 年的人力资本平衡发展指数为 65.65，较 2019 年下降了 2.4。

（二）社会领域

如图 3-6 所示，2020 年我国社会领域平衡发展指数为 55.70，较 2019 年上升 0.36；社会领域发展指数为 64.66，较 2019 年下降 0.10；从发展损失方面看，社会发展损失在 2020 年略微下降，从 2019 年的 14.54% 下降至 13.86%。这表明，2020 年社会领域基本保持平稳增长，发展的不平衡程度亦有所缓解。

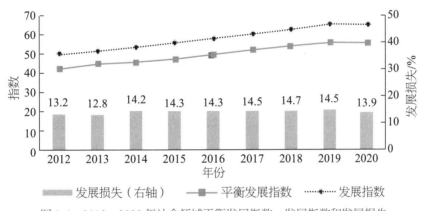

图 3-6　2012—2020 年社会领域平衡发展指数、发展指数和发展损失

具体来看，社会领域内部平衡发展指数的发展趋势存在一定的差异（图 3-7）。2020 年，我国社会保障体系不断健全，养老保险的覆盖面持续提升，社会保障平衡发展指数从 2019 年的 67.64 上升至 70.01。社会组织、律师数逐渐增加，基层社会治理工作不断规范化、制度化，社会治理平衡发展指数从 2019 年的 32.64 上升至 34.78。社会公平稳步上升，其平衡发展指数较 2019 年上升 1.38。社会安全平衡发展指数稳中趋降，较 2019 年下降 0.27。此外，受疫情影响，居民出行受限，公共文化线下活动明显减少，社会文明平衡发展指数有所下降，具体从 2019 年的 34.26 下降至 30.43。

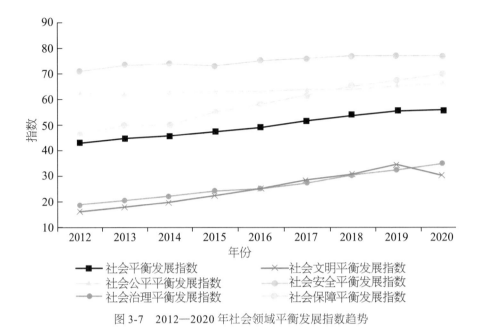

图 3-7　2012—2020 年社会领域平衡发展指数趋势

（三）生态领域

如图 3-8 所示，2020 年我国生态领域平衡发展指数为 60.36，较 2019 年上升 2.20；发展指数为 70.10，较 2019 年上升 1.28；从发展损失方面来看，生态领域发展损失在 2020 年下降明显，从 2019 年的 15.48% 下降至 13.89%。这表明，2020 年生态领域整体发展水平保持平稳增长，不平衡程度也得到有效缓解。

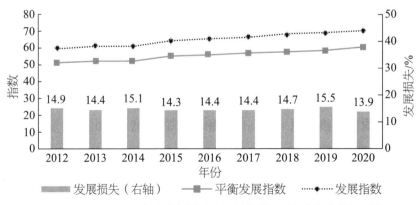

图 3-8　2012—2020 年生态领域平衡发展指数、发展指数和发展损失

从生态领域内部来看，各二级平衡发展指数总体呈上升发展态势，也有局部领域存在下降趋势（图 3-9）。其中，2020 年水质量和空气质量平衡发展指数快速增长，较 2019 年分别上升 2.47 和 1.94，河流水质状况和空气质量持续改善，环境分权和碳排放权交易等为代表的措施，对水质量和空气质量的提升效益明显。随着"十四五"规划的制定和 2035 年远景目标的建议，工业固定废物综合利用率和城市污水处理能力显著提升，环境治理平衡发展指数有较大的提升，从 2019 年的 36.26 上升至 43.44。土壤质量平衡发展指数有所上升，较 2019 年上升 1.55。生态保护平衡发展指数略有下降，较 2019 年下降 2.15。

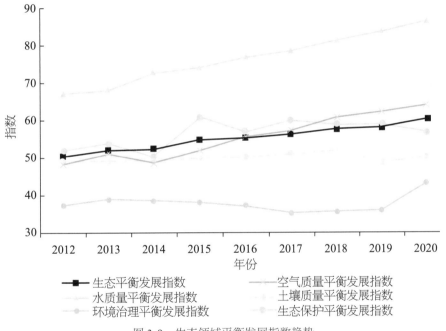

图 3-9　生态领域平衡发展指数趋势

（四）民生领域

如图 3-10 所示，2020 年我国民生领域平衡发展指数为 55.34，较 2019 年上升 0.13；民生领域发展指数为 62.47，较 2019 年下降 0.06；从发展损失方面看，民生领域发展损失在 2020 年略微下降，从 2019 年的 11.71% 下降至 11.42%。这表明 2020 年民生领域发展水平有所下降，同时不平衡发展程度有所缓解。

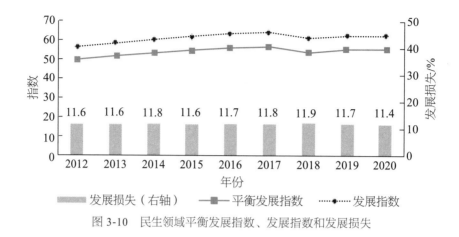

图 3-10　民生领域平衡发展指数、发展指数和发展损失

从民生领域内部看，2020 年收入、居住、教育和医疗健康平衡发展指数持续向好（图 3-11）。特别是医疗健康领域增长幅度最大，较 2019 年上升 2.09。其次是教育和收入领域，较 2019 年分别上升 1.68 和 1.18。居住平衡发展指数略有上升，较 2019 年上升 0.13。然而，与前面 4 个领域不同的是，2020 年就业平衡发展指数呈明显下降趋势，具体较上一年下降了 4.45，这主要是由于新冠疫情冲击下，市场就业机会减少，就业压力进一步加大，失业率明显上升，并且就业结构性矛盾日益突出，专业人才短缺，使得就业平衡发展指数进一步下降。

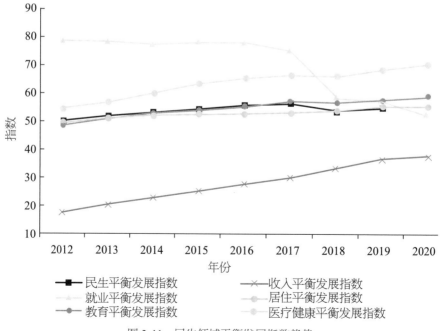

图 3-11　民生领域平衡发展指数趋势

三、地区和城乡发展平衡状况

从地区和城乡发展角度看，2020 年我国地区和城乡的总体不平衡程度均处于中高度不平衡发展状态，反映出地区与城乡发展不平衡的问题仍然较为突出。

（一）地区发展的平衡程度分析

根据测算结果（图 3-12），2020 年我国地区发展的总体不平衡程度为 0.20，其中，生态领域最高，社会领域、经济领域次之，民生领域最低，依次为 0.25、0.22、0.20、0.11。从短期发展趋势来看，2020 年我国地区发展总体不平衡程度与上一年基本持平，生态领域不平衡程度出现小幅下降，具体较上一年下降了 0.01，社会领域、经济领域和民生领域与上一年基本持平。从中长期发展趋势来看，与 2012 年相比，我国地区发展总体不平衡程度下降 0.01，其中，经济和民生领域下降较为明显，分别下降了 0.01 和 0.02；而社会和生态领域地区不平衡程度基本持平。

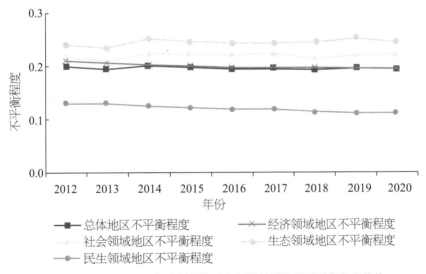

图 3-12　2012—2020 年我国总体及各领域地区发展不平衡程度趋势

目前，我国地区发展依然处于中高度不平衡状态，特别是生态和社会领域的不平衡程度相对较高。如图 3-13 所示，2020 年地区不平衡程度较高（排名前三）的指标为万人发明专利拥有量、细颗粒物（PM2.5）浓度未达标率、单位耕地面积化肥施用量，不平衡程度分别为 0.50、0.46、0.38，处于高度不平等发展状态。

因此，应进一步推动区域统筹发展战略，鼓励、引导人才向边远贫困地区流动，加强创新资源共享，促进区域间合作发展，同时全面规划、合理布局生态环境的区域发展格局，加强污染综合防治。

图 3-13 地区不平衡程度较高的部分指标趋势

（二）城乡发展的平衡程度分析

如图 3-14 所示，2020 年总体城乡不平衡程度为 0.17，较 2019 年下降 0.02。具体而言，在本研究重点关注我国社会经济发展中城乡差异较明显的 6 个方面中，

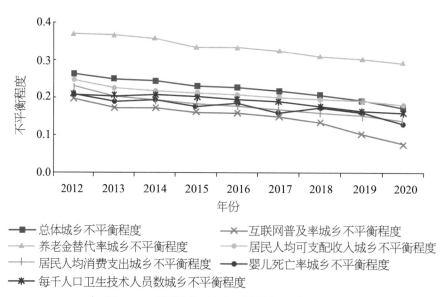

图 3-14 我国总体及六方面的城乡不平衡程度

2020 年养老金替代率的城乡不平衡程度最高，为 0.29；而其他领域的城乡不平衡程度均在 0.20 以内，特别是互联网普及率的城乡不平衡程度最低，为 0.08。

近年来，我国坚持统筹城乡区域发展，有力实施乡村振兴战略，扎实推进新型城镇化，逐步形成良性互动格局。从 2019—2020 年的短期发展趋势来看，我国城乡不平衡问题总体改善较为明显，但仍处于中高度不平衡区间。从具体指标来看，2020 年养老金替代率、居民人均可支配收入和居民人均消费支出的城乡不平衡程度较 2019 年略有下降，每千人口卫生技术人员数有小幅下降，互联网普及率和婴儿死亡率的城乡不平衡程度下降幅度较大，互联网普及率从 2019 年的 0.10 下降到 2020 年的 0.08，婴儿死亡率从 2019 年的 0.16 下降到 2020 年的 0.13。从 2012—2020 年的中长期发展趋势来看，各领域的城乡不平衡程度基本呈下降趋势，各领域的城乡不平衡问题均明显改善。其中，互联网普及率城乡不平衡程度下降幅度最大，下降 0.12；居民人均消费支出次之，下降 0.09；每千人口卫生技术人员数下降幅度居于末位，下降 0.05。总体而言，近年来，我国城乡发展的协调性持续增强，但现阶段我国城乡发展的不平衡问题仍然存在。"十四五"规划纲要指出，要建立健全城乡要素平等交换、双向流动政策体系，促进要素更多向乡村流动，增强农业农村发展活力。国家应在各领域建立健全城乡一体化发展的体制机制和政策体系，以实现城乡在政策上的平等、产业发展上的互补、国民待遇上的一致，使整个城乡经济社会全面、协调、可持续发展。

第四章

新冠疫情下我国平衡发展的重点领域表现与主要特征分析

一、我国经济平衡发展的重点领域表现与主要特征

（一）消费和贸易结构受冲击明显，经济结构稳步调整升级中

近年来，我国坚持深化供给侧结构性改革，全面深化改革开放，顺应消费升级大势，推动产业结构调整，推动外贸稳中提质，我国需求结构、对外贸易结构正在发生积极的变化。从图 4-1 中可以看出，2011—2020 年我国经济结构平衡发展指数整体呈稳定上升态势，由 2011 年的 48.60 增长至 2019 年的 57.07，2020 年受疫情影响，下降至 51.97。经济结构平衡发展指数在"十二五"期间直线上升；而"十三五"期间，随着我国全面进入"新常态"，经济增速放缓，经济结构处于深度调整过程中，经济结构平衡发展指数总体高于"十二五"期间的最高值。尽管如此，现阶段我国产业结构总体仍处于全球价值链中低端，经济结构发展不充分问题仍然存在，进一步调整和优化经济结构是实现我国经济高质量发展的重要方向。

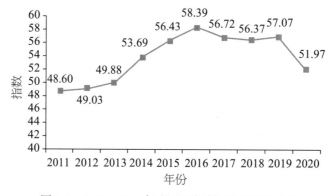

图 4-1　2011—2020 年我国经济结构平衡发展指数

1. 居民消费率处于较低水平，实际最终消费率较为可观

居民消费的稳定增长是经济健康发展的有力保障，是我国经济增长的主要动力。2021 年最终消费支出对经济增长贡献率为 65.4%，比资本形成总额的贡献率高 51.7 个百分点。然而，我国居民消费率长期处于较低水平，2011—2020 年，我国居民消费率总体呈上升趋势，由 2011 年的 34.92% 升至 2020 年的 38.20%，如图 4-2 所示。而放眼国际，美国居民消费率自 2000 年以来就处在 66% 以上，日本、德国、法国、加拿大的居民消费率也都保持在 53% 以上，不少中等收入国家 2011 年以后的居民消费率高于 50%，超出我国十几个百分点。低消费率使得我国经济增长方式的转变面临一定困难，也削弱了消费对国民经济可持续发展的重要支撑作用。

就 2020 年来看，疫情虽使得居民消费率有所下降，但从居民实际最终消费看，数据却有大幅上升。特别地，在近年来我国居民收入增速"跑赢"人均 GDP 增速的情况下，我国居民实际最终消费率 [①] 开始呈现上升趋势，释放了一定的积极信号。国家统计局数据显示，我国居民实际最终消费率由 2011 年的 39.36% 上升至 2020 年的 48.56%，与中等收入国家的消费率相对比较接近，如图 4-2 所示。

图 4-2 2011—2020 年我国居民消费率与居民实际最终消费率

---

① 居民实际最终消费率是在居民消费支出的基础上，考虑了各级财政在教育、文化、医疗卫生、社会保障等民生方面的支出及其对居民实际消费产生的影响，可以更好地体现政府及其他非营利机构为住户提供实物性转移的作用。数据来源于《中国统计年鉴》。

2. 服务贸易发展质量有所提升，新形势下发展机遇与挑战并存

服务贸易是我国新一轮对外开放的重中之重，其占对外贸易的比重在经历了"十二五"期间的迅速增长后逐步趋稳。如图 4-3 所示，服务贸易占对外贸易比重从 2011 年的 11.71% 快速上升至 2016 年的 15.70%，随后保持在 14.50% ～ 14.80% 的平稳区间内。2020 年，受新冠疫情等复杂因素的叠加影响，我国服务贸易总规模出现了明显下滑，其占对外贸易比重亦下降至 12.09%，跌幅十分明显。

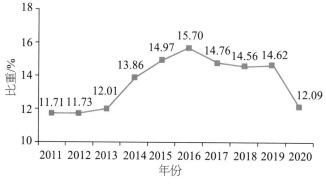

图 4-3　服务贸易占对外贸易比重

2020 年，在我国服务贸易总体规模和比重双下降的同时，我国进出口结构也发生了一些积极变化。

一是服务出口增长快于进口，逆差逐渐缩小。2021 年我国服务贸易增长 16.1%，其中服务出口增长 31.4%，进口增长 4.8%。服务出口增幅大于进口增幅 26.6 个百分点，带动服务贸易逆差下降 69.5%，降至 2112.7 亿元，同比减少 4816.6 亿元，达到 2011 年以来的最低值。旅行、知识产权使用费和运输是主要的逆差项目。受全球疫情影响，旅游、留学等跨境人员流动持续降温，旅行逆差下降 15%。另一方面，我国在知识产权领域的国际合作持续加深，知识产权使用费收入和支出均保持较快增长；运输收入增速整体也快于支出，运输方面逆差下降 60%。

二是服务贸易的内部结构逐渐得到优化。2020 年知识密集型服务进出口为 2947.6 亿美元，占服务贸易总额比重达 44.5%，比 2015 年提升了 17.1 个百分点。服务贸易改革创新深入推进，"一试点、一示范、多基地"的改革创新开放平台网络基本建立。服务贸易日益成为对外贸易发展的新引擎、对外开放深化的新动力，在国民经济中的作用进一步提升。

"十四五"时期，我国服务贸易发展面临前所未有的机遇。全球价值链加速重构，以研发、金融、物流、营销、品牌为代表的服务环节在全球价值链中的地位愈加凸显。进入新发展阶段，我国国内大循环、大市场的韧性、活力与潜能，对服务贸易的升级扩容构成坚强支撑。以数字技术为引领的新一代技术革命，为服务贸易的创新发展释放巨大活力。我国对外开放步伐加快推进，向服务贸易的开放拓展注入强大动力。同时，我国服务贸易发展也面临一些挑战：部分服务贸易领域开放不够，国际竞争力不足；服务贸易发展不平衡不充分问题仍然突出，改革深度、创新能力、发展动力仍显不足。

（二）创新要素向中心城市集聚，区域创新协调发展有积极变化

在创新投入方面[①]，2020 年，我国研究与试验发展（R&D）经费投入强度为 2.40%，比上年提高 0.16 个百分点。相比 2019 年，我国研究与试验发展（R&D）经费支出继续保持较快增长，增长 10.2%，但受新冠疫情等因素影响，支出额增速有所回落，增速比上一年回落 2.3 个百分点。分活动类型看，全国基础研究经费支出 1467.0 亿元，比上一年增长 9.8%；应用研究经费支出 2757.2 亿元，增长 10.4%；试验发展经费支出 20 168.9 亿元，增长 10.2%。基础研究、应用研究和试验发展经费支出所占比重分别为 6.0%、11.3% 和 82.7%。其中，基础研究的经费投入的占比和增速是最低的，且相较于 2019 年，增速有明显回落，有待加强投入。

从国际比较来看[②]，2014 年以来，我国研究与试验发展（R&D）经费总量稳步上升，2015 年超过欧盟 27 国平均水平，并且与美国差距逐步缩小。中国基础研究实现了跨越式发展，R&D 经费投入强度已经超过部分发达国家水平，正处于从追赶逐步转向并跑、领跑的重要转型发展时期。不过，与日本、德国和美国等发

---

① R&D 经费投入数据来自国家统计局官方网站：解读《2020 年全国科技经费投入统计公报》，http://www.stats.gov.cn/tjsj/tjgb/rdpcgb/qgkjjftrtjgb/202109/t20210922_1822388.html
② 国际比较数据来自经济合作与发展组织（OECD）官方网站数据库 https://data.oecd.org，最新数据为 2019 年。

达国家相比，中国 R&D 经费投入强度还有较大差距。此外，从 R&D 经费投入结构看，我国基础研究占比偏低的问题仍比较突出，发达国家基础研究占 R&D 经费的比例大约在 15%～25% 之间，而我国基础研究占 R&D 经费的比例尚不足 10%。

分地区来看，2020 年研发经费投入强度超过全国平均水平的省（市）有 7 个，分别为北京、上海、天津、广东、江苏、浙江和陕西，以这些地区或城市为核心的大都市圈正在形成多个区域创新增长极，创新要素集聚成为带动区域经济快速发展的重要引擎。由图 4-4 可见，东、中、西部地区的研发经费投入强度之比由 2012 年的 2.46∶1.28∶1(以西部为 1，下同）转变为 2018 年的 2.34∶1.23∶1，西部地区与中、东部地区的差距有所缩小。2018—2020 年东、中、西部地区的研发经费投入强度均快速增长，研发经费投入强度增速分别为 3.63%、6.25% 和 4.76%，中、西部地区增速均超过东部，追赶态势明显。

从万人发明专利拥有量上看，2020 年全国每万人拥有 16.14 件发明专利，自 2014 年以来增速明显加快。从创新效率角度看，2020 年每亿元研发经费产生的专利授权量为 18.07 件，比 2014 年提高了 6.33%。分地区来看，2014—2019 年东、中、西部地区每亿元研发经费产生的专利授权量增长趋势呈平缓的倒"U"形，东部创新效率最高，并且西部地区与中、东部地区的发展差距有所扩大。

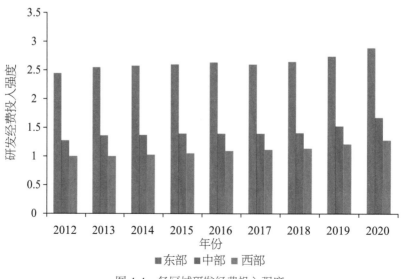

图 4-4　各区域研发经费投入强度

（三）基础设施不断完善，农村互联网普及率进一步提升

"十四五"时期，我国铁路建设将进一步促进发达地区和不发达地区之间的平衡发展。目前，我国铁路密度的地区分布较不均匀。表 4-1 中列出了 2020 年我国铁路密度排名前八位与后八位的地区，可以看出，2020 年，西藏、青海、新疆、云南、四川、内蒙古、甘肃、黑龙江等八省份每万平方千米土地铁路里程仍在 150km 以下，全国其他省份均在 200km 以上，其中天津铁路密度达到 900km/10^4km² 以上，因此中西部地区铁路建设仍有较大发展空间。2021 年，国家发改委《关于进一步做好铁路规划建设工作的意见》中提出，将加大对中西部地区如西藏、四川、云南、甘肃、青海涉藏州县及南疆等重点沿边地区的国家铁路项目建设。这也表明，"十四五"时期，我国的铁路网络布局将有利于欠发达地区铁路密度的提升，全国铁路物流圈将基本形成，铁路网络运输效率与服务水平也将进一步提升。同时，"铁路网 + 互联网"有利于形成组合优势，铁路数字化建设将进一步推动数字乡村与数字中国建设。

表 4-1　2020 年我国部分省份铁路密度　　　　单位：km/10^4km²

省　　份	铁路密度	省　　份	铁路密度
西藏	6.4	河南	390.4
青海	41.3	山西	398.9
新疆	47.0	河北	423.1
云南	107.1	山东	438.5
四川	109.5	辽宁	447.8
内蒙古	120.0	上海	774.1
甘肃	120.1	北京	855.3
黑龙江	149.8	天津	994.9

从互联网基础设施建设角度看，近年来我国农村互联网普及率快速上升，数字乡村建设成为乡村振兴战略的重要抓手。2020 年，我国网民数量已达到 9.89 亿人，全国互联网普及率从 2012 年的 42% 上升到 2020 年的 70%，呈持续上升态势。分城乡看，2020 年，我国城市互联网普及率为 80%，较 2018 年上升了 7 个百分点；农村互联网普及率为 56%，较 2018 年上升了 18 个百分点（图4-5）。这表明近年来我国农村地区互联网普及增速较快，城乡数字鸿沟明显缩小，乡村数字经济快速发展。

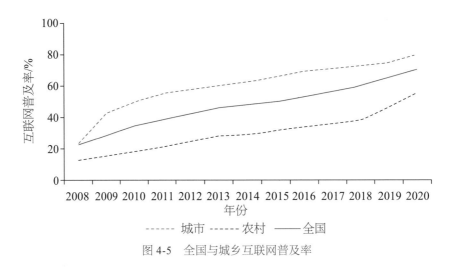

图 4-5　全国与城乡互联网普及率

自 2020 年我国开展数字乡村试点工作以来，农村光纤宽带、移动互联网、数字电视网快速发展，4G 网络覆盖水平快速提高，农村水利、公路、电力、冷链物流、农业生产加工等传统基础设施开启数字化进程，5G、人工智能、物联网等新型基础设施建设和应用在农村开始逐步探索。我国完善乡村新一代信息基础设施工作已初有成效，这也进一步推动了"三农"信息服务体系的建立完善，适应"三农"特点的信息终端和技术产品、移动互联网应用软件不断推陈出新，带动了农村电商、农副产品直播带货的蓬勃发展。同时，疫情影响下网络用户大规模增长，信息化进一步推动了医疗教育、生态环保、文化服务、交通运输、快递物流等基本公共服务向农村下沉。2022 年中央一号文件进一步提出全面推进乡村振兴，重点发展农产品加工、乡村休闲旅游、农村电商等产业，数字经济将成为我国乡村振兴的新业态与新机遇。

（四）劳动年龄人口持续下降，数字经济时代更需关注人力资本结构

2020 年，劳动年龄人口占比下降至 68.6%（图 4-6）。但值得注意的是，该数据为第七次人口普查数据，与非人口普查年份数据存在一定程度的不可比问题，因此需慎重看待 2020 年劳动年龄人口占比大幅下降这一情况。

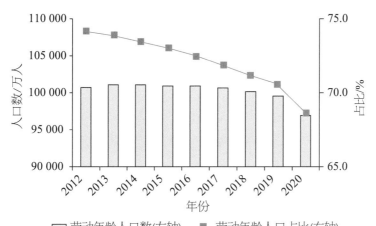

图 4-6　2012—2020 年劳动年龄人口数与劳动年龄人口占比

与 2019 年相比，2020 年的 15 ～ 64 岁劳动年龄人口数减少 2681 万人，比重下降 2.0 个百分点（图 4-7）；老年人口比重持续上升，65 岁及以上人口增加 1297万人，比重上升 0.9 个百分点，人口老龄化程度继续加深。当前，我国人口发展处于重大转折期，随着年龄结构的变化，自 2014 年起，我国劳动年龄人口的数量和比重连续 7 年出现双降，7 年间减少了 4161 万人。受劳动年龄人口持续减少的影响，劳动力供给总量下降，2020 年全国就业人员总量相比 2019 年下降 593 万

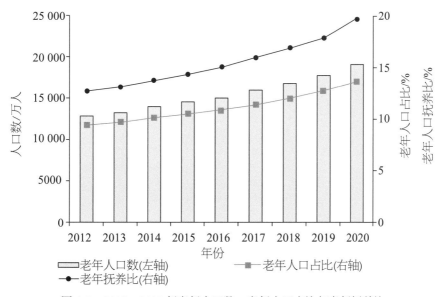

图 4-7　2012—2020 年老年人口数、老年人口占比与老年抚养比

人，下降幅度为 -0.75%。同时，老年人口比重的上升加重了劳动年龄人口负担，老年抚养比 ① 从 2019 年的 17.8% 上升至 2020 年的 19.7%，这给经济发展和社会保障带来挑战。

与此同时，我国数字经济快速发展，产业数字化转型升级改变了劳动力需求。数字经济时代劳动年龄人口减少、老龄化程度加深这一情况需要辩证分析。首先，老龄化时代的到来有可能会促进数字化、智能化发展。陈秋霖等（2018）② 研究表明人口老龄化导致的劳动力短缺会促使一个经济体更多地应用智能化生产，人口老龄化是人工智能发展的诱因。其次，数字化、智能化发展使得对劳动力"量"的需求相应减少，这有可能会对冲一部分劳动力量的减少带来的负面影响。但是数字化、智能化发展减少了对参与简单重复性工作劳动力的需求，而对于"质"的需求会不断提高。王永钦和董雯（2020）③ 研究表明机器人的应用对企业的劳动力需求产生一定的替代效应，并且对不同技能劳动力需求的影响具有显著差异。阎世平等（2020）④ 研究发现数字经济发展水平的提高减少了对高中和初中学历劳动力的需求，增加了对大学专科及以上学历劳动力的需求。最后，数字化、智能化的发展也会创造新的就业岗位，既包括适合高技能人才的岗位，也包括适合低技能人才的岗位，其中，适合低技能人才的岗位主要是对人力资本要求不高且不易被自动化替代的岗位。以上情况表明，数字经济时代的劳动年龄人口下降、老龄化程度加深问题不可片面解读，需结合人力资本结构的变化客观分析。

---

① 老年人口抚养比也称老年人口抚养系数，指老年人口数与劳动年龄人口数之比，通常用百分比表示，用以表明每 100 名劳动年龄人口要负担多少名老年人。老年人口抚养比是从经济角度反映人口老龄化社会后果的指标之一。

② 陈秋霖，许多，周羿 . 人口老龄化背景下人工智能的劳动力替代效应——基于跨国面板数据和中国省级面板数据的分析 [J]. 中国人口科学，2018（6）：30-42+126-127.

③ 王永钦，董雯 . 机器人的兴起如何影响中国劳动力市场？——来自制造业上市公司的证据 [J]. 经济研究，2020，55（10）：159-175.

④ 阎世平，武可栋，韦庄禹 . 数字经济发展与中国劳动力结构演化 [J]. 经济纵横，2020（10）：96-105.

二、我国社会平衡发展的重点领域表现与主要特征

（一）社会组织为公共危机治理提供动力支持，助力我国治理体系和治理能力现代化发展

社会组织作为中国特色社会主义现代化建设的重要力量，是国家治理体系和治理能力现代化的重要组成部分，也是社会治理的重要主体和依托。我国的社会组织经历了长足的发展，每十万人社会组织数量由 2012 年的 37 个增加到 2020 年的 63 个，社会组织的管理模式不断规范化、制度化。从区域层面来看，我国东中西部的每十万人社会组织数量存在较大差异，东部地区明显高于中部地区和西部地区。2020 年，东部地区的每十万人社会组织数量为 76 个，而中部地区和西部地区的每十万人社会组织数量仅为 54 个和 58 个（图 4-8），地区发展差距仍然十分明显。

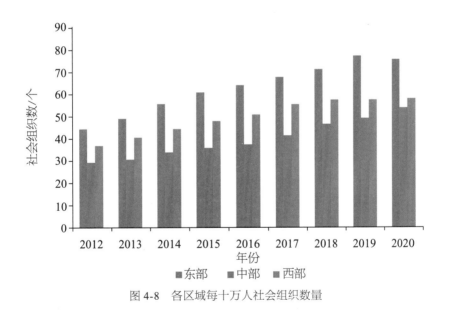

图 4-8　各区域每十万人社会组织数量

突发的新冠疫情是具有实践性和问题导向的社会治理问题，社会组织作为政府的补充力量，凭借自身的资源优势、专业优势、协调优势，在新冠疫情常态化防控工作中发挥着重要作用。2020 年 1 月 25 日，习近平总书记在中共中央政治局常务委员会会议上强调，"要加强联防联控工作、加强社会力量组织动员，一同打好打赢这场没有硝烟的疫情防控人民战争"，为社会组织参与疫情防控下达了集结令。随后，国务院、民政部出台了一系列引导和鼓励社会组织参与疫情防控工

作的政策和指示，支持社会多元力量参与疫情防控，主要概括为以下两类：一是在遏制疫情蔓延势头阶段，颁布鼓励各部门积极引导社会组织参与疫情防控工作，整合社会力量，协助基层工作人员进行疫情防控工作的相关政策；二是在疫情防控工作进入常态化阶段，进一步明确政府购买社会组织服务、引导社会组织参与疫情中的个人防护、心理服务等具体细则。除全国层面的政策外，受疫情影响的各省份也积极出台地方性社会组织参与疫情防控措施来响应中央相关政策。

为进一步提升社会组织在参与疫情防控中的积极作用，一是要强化专业能力建设，加大智能支持力度。习近平总书记指出，要"鼓励运用大数据、人工智能、云计算等数字技术，在疫情监测分析、病毒溯源、防控救治、资源调配等方面更好发挥支撑作用"。为了更好地适应大数据时代、智能化社会，提高线上服务水平与效能，要鼓励社会组织将新的科学技术逐步纳入常态化工作中，提高对现代信息技术的驾驭能力。充分发挥"互联网＋"作用既有助于提高社会组织应对危机、参与社会治理的精准度，也有助于社会组织实现与政府、社会、媒体等其他主体之间的交流互动，推动社会共治生态不断向好发展。二是整合社会资源，凝聚社会组织参与主体。社会组织应引导人们增强在常态化状态下对其的认可度，确保发挥应有作用。例如，社区社会组织在解决基层问题、服务基层群众、创新基层社会治理方面作用突出，可以加快推动社区社会组织的发展，通过打造可借鉴、可推广的地方样板社区，促使社会组织影响力不断提升。再者，社会组织还要通过自身的独特优势，吸引更多不同专业的高学历、高素质人才参与到组织中，为建设高质量社会组织夯实人才配置。三是畅通政社合作机制，优化社会组织参与环境。在疫情防控过程中，作为政府的有效补充，社会组织发挥着越来越积极的作用和影响，社会组织的创新发展离不开党和政府的鼓励支持，有必要通过强化党建引领作用，多措并举加大政府对社会组织的扶持力度，逐渐形成长效的政社协调合作机制，不断优化社会组织发展环境。

（二）养老保险覆盖面持续提升，养老金替代率区域间发展不平衡，多支柱养老保险体系亟待发展完善

养老保险覆盖率始终是党和政府关注的热点问题。党的二十大报告提出"健

全社会保障体系，健全覆盖全民、统筹城乡、公平统一、安全规范、可持续的多层次社会保障体系，扩大社会保险覆盖面"，经过 30 多年的改革发展，在中央和地方政府的共同努力下，养老保险覆盖率逐年上涨。截至 2020 年末，全国参加基本养老保险人数达到 99 776 万人，养老保险覆盖率达到了 92.23%，较 2019 年提高了 4.36 个百分点，逐渐接近养老保障全民覆盖的目标。

根据 2020 年第七次人口普查数据，近年来我国人口老龄化速度加快，预计到 2035 年我国 65 岁以上人口将超过 20%。这意味着我国经济发展一直依赖的人口红利的优势已经越来越薄弱，老年人口的增长已经开始对我国财政收入造成一定影响，使得本就处于亏损状态的养老金入不敷出。当前，我国养老保险的覆盖面持续提升，养老金替代率则因养老金的地方统筹出现了区域间发展不平衡的问题。在疫情和经济增长下行的压力下，应进一步完善多支柱养老保险体系，维护养老保险基金安全是我国社会保障的政策重点。

如图 4-9 所示，从四大经济区域划分来看，养老保险覆盖率区域分布差异显著，东、中、西部地区养老保险覆盖率水平较高，其中中部地区养老保险覆盖率水平显著较高，平均养老保险覆盖率水平达到 95%；东部和西部地区养老保险覆盖率也达到了 90% 以上；东北部地区养老保险覆盖率相对较低，目前养老保险覆盖率不足 80%，尚有提升的空间。从增速来看，近年来各个地区养老保险覆盖率水平均稳步上涨，中部地区 2011—2013 年间覆盖率增幅相对较快，近年来各区域增速均逐渐趋于平稳。

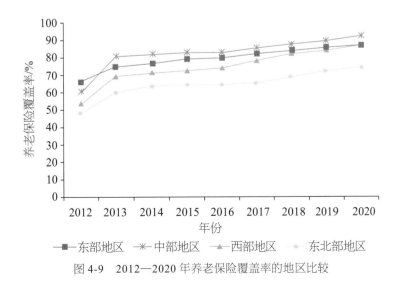

图 4-9　2012—2020 年养老保险覆盖率的地区比较

从省份上看，地区养老保险覆盖率同样呈现出逐年上涨的趋势，部分地区如北京由于人口流入数量大，且选择在流入地参保人数较多，实际参保人数已经超出了应覆盖人数。而且，各省份的养老金替代率水平仍然存在显著差异，西部省份的平均养老金替代率水平普遍偏高，远高于东、中部省份。而经济发展水平较高的东南沿海地区，养老金替代率水平则相对较低，平均养老金替代率不超过50%。由此可见，持续推动养老基金全国统筹仍是我国养老保障发展的重要任务。同时，应进一步推进延迟退休改革方面的探索，延长人口红利，从而缓解养老金支付压力，保障养老保险制度体系的可持续性发展。

三、我国生态平衡发展的重点领域表现与主要特征

（一）细颗粒物和臭氧污染防治效果显著，空气质量全面改善

2020年，生态环境部发布《关于统筹做好疫情防控和经济社会发展生态环保工作的指导意见》，对新冠疫情下巩固空气质量稳步提升，强化空气污染治理能力，做好疫情地区大气等环境质量监测，推出一系列有力举措和指导意见，全力支撑保障打赢疫情防控的人民战争、总体战、阻击战。随着疫情防控工作统筹安排，企业复工复产有序推进，居民的工作和生活回归正轨，对于生态环境保护提出了更高的要求。同年9月，国家主席习近平在第75届联合国大会一般性辩论上发表重要讲话，首次提出二氧化碳排放力争于2030年前达到峰值，努力争取2060年前实现碳中和的目标。气候变化和空气污染同根同源，"双碳"目标和大气污染治理相互促进、协同增益，成为减污降排工作的重要驱动力。掌握新冠疫情下空气质量的表现与特征，积极推动"双碳"目标实现，有利于推进大气污染治理防控，进一步提升我国空气质量，为生态环境的可持续发展提供理论支撑。

从地区层面看，2019—2020年绝大部分地区空气质量指数优良率均有所提升。具体地，如图4-10所示，除了四川、云南、西藏和宁夏四个西部省份以外，其余省份空气质量指数优良率小幅度增长。空气质量指数优良率提升最多的三个省份分别是浙江、湖北和江苏，分别增加了20.22%、17.68%和17.13%。青海和黑龙江的空气质量基本与2019年持平，增长幅度小于1%。2019—2020年，

除了宁夏、黑龙江、内蒙古和吉林以外，大部分省份细颗粒物浓度未达标率呈现下降趋势。青海、辽宁、海南和西藏的细颗粒物浓度未达标率增长幅度小于1%，与2019年基本持平。2019—2020年近一半的省份臭氧年平均浓度下降，其中安徽下降幅度最大，下降了9%左右。浙江、海南、贵州、陕西和宁夏与上一年基本持平，其余省份出现臭氧年平均浓度小幅上涨，涨幅较大的省份主要为黑龙江、四川和新疆。整体来看，我国2019—2020年细颗粒物浓度（PM2.5）和臭氧污染防治效果显著，大气污染治理水平提升，空气质量全面改善。

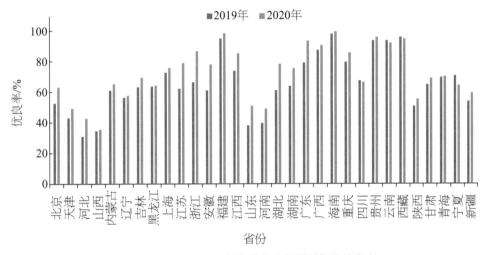

图4-10　2019—2020年各省份空气质量指数优良率

从地区不平衡程度来看，空气质量不平衡程度整体保持平稳[①]，各地区空气污染防治效果显著，大气污染治理取得相应成效。具体地，空气质量指数优良率、细颗粒物（PM2.5）浓度未达标率和臭氧年平均浓度的地区不平衡程度均不同程度下降。其中，空气质量指数优良率的地区不平衡程度由2019年的0.16下降至2020年的0.14，从中高度不平衡下降为中度不平衡。

由于疫情防控需要，一次性医用口罩、防护服等医疗废物焚烧处理、防疫物资企业生产增加带来污染物排放激增，复工复产带来大气污染物排放反弹，成为严重影响空气质量的负面因素。在后疫情时代背景下，结合"双碳"目标工作，

---

① 基于细颗粒物浓度达标率计算结果显示，地区不平衡程度从2019年的0.21上升至2020年的0.22；基于细颗粒物浓度未达标率计算结果，地区不平衡程度从2019年的0.10下降至2020年的0.09。

针对如何保持空气质量稳步提升、改善大气污染问题提出对策建议：一是参考疫情防控期间生态环保工作的宝贵经验，规范医疗废物环境监管制度，针对防疫物资企业产量大幅度提升、复工复产有序推进可能产生的大气污染问题，提前制定应急监测预案和防治措施，为集中力量打赢蓝天保卫战提供理论支撑；二是结合"双碳"目标，统筹推动生态环境保护和应对气候变化工作，实行减污降碳协同治理，实现环境效益和气候效益双赢。总的来看，需要制定"双碳"和空气质量提升的协同目标，加强减污降碳协同增效，促进空气质量持续改善，打好打赢后疫情时代大气污染防治攻坚战。

（二）一般工业固体废物综合利用率提高，区域不平衡程度缩小

2020 年，我国环境治理发展水平和平衡程度显著改善，发展损失大幅降低。2017—2019 年，环境治理发展指数在 44 左右波动，平衡发展指数在 36 左右波动，改善幅度较小。而 2020 年，环境治理发展指数上升至 46.57，平衡发展指数上升至 43.44，发展损失从 2019 年的 18.3% 下降至 6.7%，不管是发展水平还是平衡发展水平都有大幅度改善。其中主要是一般工业固体废物综合利用率显著提高，且区域不平衡程度有所缩小。

2020 年，全国一般工业固体废物综合利用率为 55.45%，比 2017—2019 年53% 左右的水平有显著改善。分地区看，如图 4-11 所示，相比 2019 年，2020 年各地区一般工业固体废物产生量均有所下降，这可能与新冠疫情导致的生产受阻有密切关系，但是各区域工业固体废物的综合利用能力受疫情冲击相对较小。

与此同时，一般工业固体废物综合利用率的地区不平衡程度也得到显著改善。其中，主要是河南、陕西、贵州、重庆和甘肃等省份一般工业固体废物综合利用率得到大幅度提升。一方面，这些地区工业固体废物综合利用量受疫情影响导致的下降幅度较小，其中陕西和甘肃在 2020 年工业固体废物综合利用量方面保持了上升趋势。另一方面，2020 年《中华人民共和国固体废物污染环境防治法》得到了修订，各地区开始高度重视固体废物的治理问题，并出台了相应条例和措施。过去国家对危险废物的管理实行"就近式、集中式"原则，而近年来固体废物跨

省转移越来越普遍，这也对固体废物综合利用率的区域均衡发展起到了重要的促进作用。

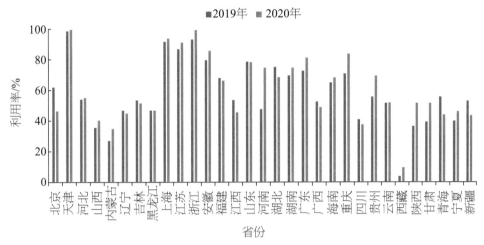

图 4-11　2019 年和 2020 年各地区工业固体废物综合利用率

四、我国民生平衡发展的重点领域表现与主要特征

（一）居民人均可支配收入增速明显回落，互联网消费新模式表现强劲

2020 年，全国居民人均可支配收入为 32 189 元，相比上一年名义增长 4.7%，增速比 2019 年同期回落 4.1 个百分点；扣除价格因素，实际增长 2.1%，较上一年回落 3.7 个百分点。尽管受新冠疫情的影响，城乡居民人均可支配收入增速均表现出明显下滑趋势，但城乡和区域收入差距有所缩小。城乡居民人均可支配收入比值为 2.56，比上一年缩小了 0.08。如图 4-12 所示，分城乡看，2020 年城镇居民人均可支配收入为 43 834 元，名义增速为 3.5%，比 2019 年同期回落 4.4 个百分点，扣除价格因素，实际增速为 1.2%，较上一年回落 3.8 个百分点；农村居民人均可支配收入为 17 131 元，名义增速为 6.9%，较上一年回落 2.7 个百分点，扣除价格因素，实际增长 3.8%，较上一年回落 2.4 个百分点。如图 4-13 所示，分区域看，2020 年东、西部地区居民人均可支配收入分别为 41 411 元和 25 349 元，名义增速分别为 4.6% 和 6.0%，较上一年均有回落，如图 4-13 所示。西部地区居民收入增长快于东部，使得东、西部地区居民收入相对差距缩小。

图 4-12 按城乡划分居民人均可支配收入名义增长率

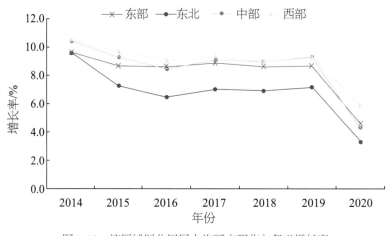

图 4-13 按区域划分居民人均可支配收入名义增长率

从居民消费支出来看，2020 年受疫情冲击，我国居民人均消费支出表现乏力。2020 年全国居民人均消费支出 21 210 元，比上一年名义下降 1.6%，扣除价格因素，实际下降 4.0%。从城乡来看，城镇居民人均消费支出 27 007 元，下降 3.8%，扣除价格因素，实际下降 6.0%；农村居民人均消费支出 13 713 元，增长 2.9%，扣除价格因素，实际下降 0.1%。从区域看，东部地区居民人均消费支出 26 333 元，下降 2.1%；西部地区居民人均消费支出 17 801 元，增长 1.1%。

2020 年初居家生活、办公期间，众多消费者形成"网上下单，配送到家"的消费习惯，线上购物实现逆势增长。2020 年实物商品网上零售额增长 5.9%，占全社会消费品零售总额的比重为 23.6%，比 2019 年同期提高了 5.4 个百分点。与网络相关的消费新业态表现强劲，以网络购物为代表的新型消费模式发展迅速。随着新冠疫情防控的常态化，以及人们疫情防控意识的增强，新型的消费模式将被越来越多的人所接受，由此可能释放巨大的经济增长动能。

（二）就业市场遭遇短期冲击，长期结构性矛盾依旧突出

2020 年初，受新冠疫情的冲击，市场就业供给明显不足，人们的就业压力有所加大。随着党和政府统筹疫情防控，把就业列为"六稳""六保"之首，推出减负稳岗扩就业一系列政策举措，各项措施落地生效、社会秩序逐渐恢复，就业形势明显改善。

国家统计局数据资料显示，2020 年全年城镇新增就业 1186 万人，比上一年减少 166 万人。年末全国城镇调查失业率为 5.2%，城镇登记失业率为 4.2%。从调查失业率总体上看，2020 年第一季度受疫情影响，失业率二月份陡升至 6.2%（图 4-14），其中批发和零售业、住宿和餐饮业、交通运输仓储和邮政业等服务性行业就业人数下降明显。随着国家精准施策的推进，十二月份，城镇调查失业率降低至 5.2%，已恢复至疫情暴发前水平。从重点就业群体来看，农民工就业压力逐步缓解，高校毕业生就业状况趋稳。疫情初期，农民工就业形势十分严峻，三月份城镇外来农业户籍人口失业率达到 6.7% 的历史高点，同比高出 1.3 个百分点。年末，外出农民工人数已恢复到上一年的 97.3%，与上一年基本持平。2020

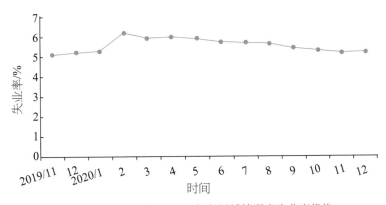

图 4-14　2019 年末、2020 年各月城镇调查失业率趋势

年高校毕业生达 874 万人，创历史新高，叠加疫情冲击的影响，高校毕业生就业压力增大，七月全国 16 ～ 24 岁人口城镇调查失业率高达 16.8%，同比高 2.9 个百分点，随后大学生就业压力逐步得到缓解，十二月该指标降低至 12.3%。

虽然随着减负稳岗扩就业等相关措施的落实，疫情对就业市场的影响逐渐趋弱，但影响我国劳动力就业的长期结构性问题依然存在。一方面，近年来年均求人倍率持续走高，从 2009 年的 0.91 持续攀升至 2020 年的 1.46（图 4-15），其中高技能人才求人倍率近年来均在 2 上下徘徊，用工需求显著大于供给，部分企业面临着"招工难"问题；另一方面，我国调查失业率居高不下，尤其是大学生就业群体仍存在"求职难"现象。近年来，我国经济下行压力增加，产业结构调整进程加快，但高技能人才福利保障和社会认可度较差，教育结构难以适应市场需求结构的变动，高技能专业人才供给短缺，造成供需难以匹配，结构性矛盾日益突出。

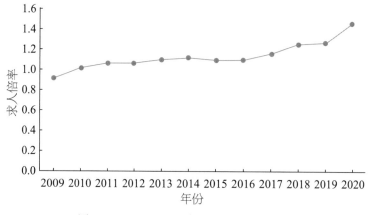

图 4-15　2009—2020 年我国求人倍率趋势

（三）高中教育普及率稳步提升，教育发展不平衡问题持续改善

"十三五"以来，以习近平同志为核心的党中央高度重视教育工作，始终把教育摆在优先发展的战略地位，开启了加快教育现代化、建设教育强国的历史新征程。在党中央、国务院高度重视下，我国高中阶段教育普及率持续提高，生均一般公共预算公用经费支出投入力度显著增强，教育平衡发展程度稳步提升，地区发展不平衡问题逐年好转，高中及义务教育体系建设日趋完善。

　　普及高中阶段教育是党中央、国务院立足全面建成小康社会决胜阶段作出的重大战略决策，也是我国继普及九年义务教育之后进一步提升国民整体素质、劳动力竞争能力及建设人力资源强国的重大举措，意义重大，影响深远。"十三五"期间，我国出台高中阶段教育普及攻坚计划，计划要求各省到2020年毛入学率达到90%以上。教育部相关统计数据显示，"十三五"以来全国高中毛入学率一直呈现较好的增长趋势，2020年高中毛入学率已达到91.2%（图4-16），相较于2012年的85%增长6.2个百分点，各省份高中阶段教育毛入学率均达到90%，圆满完成国家推行的高中阶段普及攻坚计划。

图4-16　我国高中毛入学率和生均一般公共预算公用经费支出变动情况

　　高中及以下阶段生均一般公共预算公用经费支出是衡量教育资源和经费投入相关指标体系中的重要指标之一。从全国统计数据来看，生均一般公共预算公用经费支出逐年增长，2012年生均一般公共预算公用经费支出为2305.9元，2020年增长至3425.4元，增长48.5个百分点。地区层面，绝大部分省份的高中及以下阶段生均一般公共预算公用经费支出同样呈现逐年上升的趋势。其中，北京和上海两地生均一般公共预算公用经费支出处于领先地位，2020年分别达到11 165.6元和8694.9元（图4-17）；其他省份的增长率较高，特别是中西部省份，教育经费投入地区间差距正在逐渐缩小。

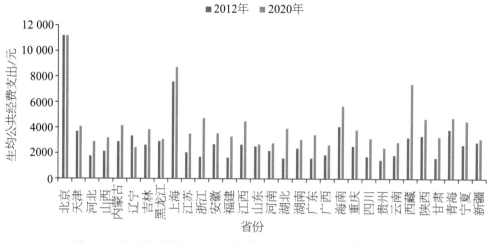

图 4-17　我国各地区高中及以下阶段生均一般公共预算公用经费支出

（四）医疗卫生服务体系不断完善，新冠疫情防控工作持续推进，人民健康水平稳步提升

医疗是民生之需，健康是民生之要，医疗健康与人民群众的幸福生活息息相关，是民生平衡发展的重中之重。2019 年我国深化医改重点工作任务[①] 中也将"以治病为中心"转变为"以人民健康为中心"。党的十八大以来，我国医疗卫生服务体系不断完善，技术水平和服务能力不断提升。2018 年全国 84% 的县级医院达到了二级及以上医院的水平，县域医疗卫生服务体系得到巩固完善；2012 年至 2020 年，每千人口卫生技术人员数从 4.94 人增长到 7.57 人，每千人口拥有职业（助理）医师数从 1.94 人增长到 2.90 人，每千老年人口养老床位数从 2012 年的 21.48 张上升至 31.10 张（图 4-18）；2018 年我国提出"互联网＋医疗健康"发展意见[②]，我国互联网医院数量迅猛增长，从 2018 年的 100 多家增长到 2020 年的 1100 多家，二级以上医院预约诊疗、就诊导航、移动支付等线上服务进一步完善，三级医院预约诊疗比例超过 50%，远程医疗服务覆盖国家级贫困县和边远地区，至 2021 年年初已有 832 个贫困县县医院实现了远程医疗网络"全覆盖"。

---

① 　2019 年 6 月 4 日，国务院办公厅印发《深化医药卫生体制改革 2019 年重点工作任务的通知》（国办发〔2019〕28 号）。

② 　2018 年 4 月 28 日，国务院办公厅印发《关于促进"互联网＋医疗健康"发展的意见》（国办发〔2018〕26 号）。

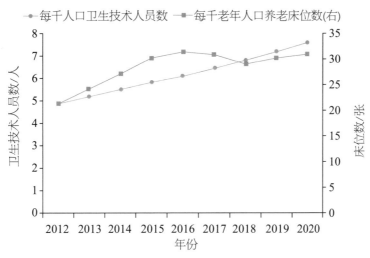

图 4-18　每千人口卫生技术人员数与每千老年人口养老床位数趋势

2020 年 2 月 23 日，习近平总书记召开统筹推进新冠疫情防控和经济社会发展工作部署会议，指出这次疫情是新中国成立以来在我国发生的传播速度最快、感染范围最广、防控难度最大的一次重大突发公共卫生事件。新冠疫情的暴发为保障人民健康带来诸多挑战，同时也提出新的要求。2020 年 3 月，我国深化医改意见 ① 中就完善重大疫情医疗救治费用保障机制进行了制度性安排，健全重大疫情医疗救治医保支付政策，确保医疗机构在突发疫情等紧急情况时先救治、后收费，患者不因费用问题影响就医等。新冠疫情防控工作持续推进，抗疫取得重大战略成果。湖北武汉 16 家方舱医院共计使用 35 天，累计收治患者 1.2 万余人，并实现了"零感染、零死亡、零回头"②；2020 年 4 月 26 日武汉市所有新冠肺炎住院病例清零，4 月 29 日我国疫情防控进入常态化。目前各地疫情虽有零星再发，但疫情风险基本得到有效控制，疫情态势积极向好发展。

人民健康状况仍然保持向好发展趋势，健康水平稳步提升。2012 年至 2020年，我国婴儿死亡率从 10.30‰ 下降至 5.40‰，孕产妇死亡率从 24.5/10 万下降到16.9/10 万；我国出生时预期寿命也从 2012 年的 75.01 岁上升至 2020 年的 77.10岁（图 4-19）。在全面建成小康社会，向实现共同富裕不断迈进的过程中，仍需以更高标准、更强力度、更严要求全力以赴深化医疗卫健工作，全面加强医疗卫

① 2020 年 3 月 5 日，中共中央、国务院发布《关于深化医疗保障制度改革的意见》。
② 数据来源：《数据读懂中国抗疫》，https://politics.gmw.cn/2020-12/28/content_34499540.htm。

生体系建设，健全完善基本医药制度，构筑起保障人民群众生命健康的坚固防线，充分满足人民群众的医疗健康需求。

图 4-19　婴儿死亡率与出生时预期寿命趋势

第五章

中国平衡发展专题研究

专题一：中国南北平衡发展差距测度与分析

为了揭示我国南北差距的主要领域与具体表现，本报告试图通过进一步构建指标体系，从多要素、多指标综合测度南北差距，全面、客观地判定南北差距的特征与发展趋势，进而剖析南北差距形成的深层次原因。本报告紧扣新时代我国社会主要矛盾和共同富裕目标，聚焦于中国的区域平衡发展问题，试图构建南北平衡发展指数来探索我国南方和北方的平衡发展差距及其背后的原因。

一、区域平衡发展的内涵与指标体系

（一）区域发展不平衡不充分的内涵

"不平衡不充分"是针对目前中国各方面发展现状与人民对美好生活需要之间存在差距提出的。社会主义制度的发展和完善是一个长期的历史过程，社会主要矛盾也会发生转变。1981年党的十一届六中全会提出，现阶段社会主要矛盾是"人民日益增长的物质文化需要同落后的社会生产之间的矛盾"。经过四十多年的改革开放，中国社会生产力取得巨大发展，人民物质生活得到极大的满足，进而党的十八大正式确立了"全面建成小康社会"的目标，党的十九大提出中国社会主要矛盾转化为"人民日益增长的美好生活需要和不平衡不充分的发展之间的矛盾"。人民对美好生活的需要既涵盖教育、医疗、养老、就业、住房等民生层面

的需要，还包含社会文明、社会安全、社会公平，以及治理空气污染、土壤污染、水资源污染和优化环境等社会与生态环境需要。

区域发展不平衡不充分是当前经济社会发展不平衡不充分矛盾的突出表现之一。区域发展不平衡是横向的，主要表现为不同地区之间的发展差距。由于我国幅员辽阔，不同区域之间资源禀赋存在多样化，资源储备存在差距，发展起步及发展模式各有不同，因此，不可避免地存在着发展不平衡的现象。区域发展不充分是纵向的，主要表现为区域内部存在的发展程度低的问题。具体而言，不充分发展包括生产力发展不充分、资源和能源利用不充分、创新驱动不充分、社会保障发展水平不充分及生态文明建设不充分等多个方面。区域发展不充分是区域发展不平衡的主导原因，当前主要矛盾的解决需尽可能充分利用自身资源禀赋，充分发挥优势资源，在推动发展的同时，引导资源跨区域、跨群体的合理流动，以弥补不同区域之间存在的发展不平衡的问题，进而提升人民普遍的获得感、幸福感和安全感。

（二）指标体系的构建

结合清华大学中国平衡发展指数和"十四五"时期经济社会发展主要指标，本部分从经济发展、创新驱动、民生福祉和绿色生态四个维度出发，构建包含17个指标的南北平衡发展指标体系，如表5-1所示。

表 5-1　南北平衡发展指数指标体系构成一览表

一级指标	二级指标	指标属性		
		指标方向	权　重	数 据 来 源
1. 经济发展	人均GDP	正向	常住人口	《中国统计年鉴》
	资本产出率	正向	资本存量	白重恩和张琼（2014）
	互联网普及率	正向	常住人口	中国互联网络发展状况统计报告
	高技术企业主营业务收入与GDP之比（创新）	正向	地区生产总值	《中国高技术产业统计年鉴》《中国统计年鉴》
	劳动年龄人口平均受教育年限	正向	常住人口	白重恩和张琼（2015）

续表

一级指标	二级指标	指标属性		
		指标方向	权重	数据来源
2.创新驱动	R&D经费投入强度	正向	地区生产总值	《中国科技统计年鉴》
	万人发明专利拥有量	正向	常住人口	国家知识产权局
	市场化指数	正向	地区生产总值	《中国分省份市场化指数报告（2021）》
3.民生福祉	居民人均可支配收入	正向	常住人口	《中国统计年鉴》
	高中及以下阶段生均公共财政预算公用经费支出	正向	小学、初中、高中学生总数	《中国教育统计年鉴》
	房价收入比	逆向	城镇人口	《中国统计年鉴》
	每千人口拥有执业（助理）医师数	正向	常住人口	《中国卫生健康统计年鉴》
	养老保险覆盖率	正向	15岁以上人口	《中国统计年鉴》
4.绿色生态	空气质量指数优良率	正向	常住人口	国家统计局相关部门提供
	细颗粒物浓度（PM2.5）未达标率	逆向	常住人口	由城市空气质量实时发布数据计算
	地表水劣于V类水体比例	逆向	常住人口	各省（区、市）生态环境监测中心
	单位GDP能耗	逆向	地区生产总值	《中国统计年鉴》

二、各维度南北平衡发展差距测算结果分析

（一）经济发展

1.南北经济平衡发展差距分析

南北总体经济平衡发展水平显著提高，南方经济发展水平和速度均高于北方。南方经济平衡发展指数由2011年的37.53逐年增长至2020年的57.50；北方经济平衡发展指数由2011年的36.92逐年增长至2020年的54.07（图5-1）。2011—2020年，南方经济平衡发展指数年均增长速度为4.86%，平均高于北方0.53个百分点。2011年，南北平衡发展指数差距为0.61，2020年扩大至3.43。

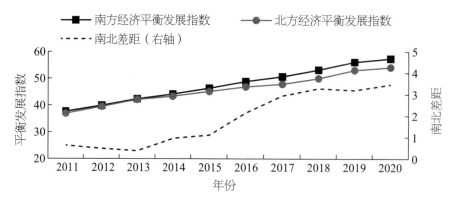

图 5-1　南方和北方经济平衡发展指数及南北经济平衡发展差距

注：南北差距为南方经济平衡发展指数减去北方经济平衡发展指数，差距为正表示南方占优，差距为负表示北方领先；下同。

南北方地区内部经济发展（地区内部经济发展不平衡）不平衡总体上均呈下降趋势，南方地区内部降幅更加明显，且地区内部不平衡程度明显低于北方。南方地区内部经济发展不平衡系数降幅为 3.5 个百分点（图 5-2），北方降幅为 3.2 个百分点。2011—2020 年，北方地区内部经济发展不平衡系数平均高于南方 11.5 个百分点。这主要是由于北方地区仅京津地区整体发展水平较高，与其余省份的发展水平形成反差，导致内部较为严重的不平衡。

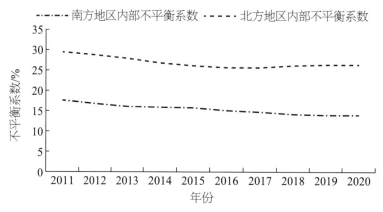

图 5-2　南方和北方地区内部经济发展不平衡系数

2. 南北经济发展差距的特征

（1）南方经济总体发展水平（人均 GDP）、经济效益（资本产出率）和高技术产业产值占比（高技术企业主营业务收入与 GDP 之比）发展势头好于北方，并且优势逐渐扩大。

其中，2020 年南方高技术企业主营业务收入与 GDP 之比为 50.66，高于北方 6.99；南方人均 GDP 平衡发展指数高于北方 5.72；南方资本产出率平衡发展指数高于北方 7.94，在经济发展各项三级指标中最高。

（2）北方在基础设施（互联网普及率）和人力资本（劳动年龄人口平均受教育年限）方面存在一定优势，但优势在逐渐缩小。

2020 年，北方互联网普及率平衡发展指数高于南方 3.35；北方劳动年龄人口平均受教育年限高于南方 6.91。

（二）创新驱动

1. 南北创新驱动平衡发展差距分析

南方在创新驱动领域平衡发展水平和发展速度显著优于北方，两者差距逐年拉大。总体而言，我国创新驱动取得了积极进展，南方创新驱动平衡发展指数由 2011 年的 25.14 逐年增加至 2020 年的 41.33，在此期间增加了 16.19；北方创新驱动平衡发展指数由 2011 年的 17.78 增加至 2020 年的 28.06，在此期间增加了 10.20（图 5-3）。南北地区总体创新能力平衡发展水平显著提高。

南方创新驱动平衡发展指数增长速度高于北方（图 5-3）。2011—2020 年，南方创新驱动平衡发展指数年均增长速度为 5.69%，北方创新驱动平衡发展指数年均增长速度为 5.27%，南方增长速度平均高于北方 0.42 个百分点。

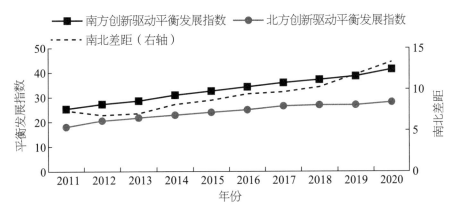

图 5-3　南方和北方创新驱动平衡发展指数及南北发展差距

南方地区内部创新驱动不平衡程度总体呈现下降趋势，南方创新驱动不平衡系数由 2011 年的 29.28% 下降到 2020 年的 26.12%，降幅为 3.16%；北方地区内部创新驱动不平衡系数由 2011 年的 41.19% 下降到 2017 年的 25.54%，随后回升到 2020 年的 39.57%。2011 到 2020 年降幅为 1.62%。2011—2020 年，北方创新驱动不平衡系数平均高于南方 12.2 个百分点。这主要是由于北京市创新驱动能力显著高于北方其他地区所致，例如，2020 年北京万人发明专利拥有量是内蒙古自治区的 58.62 倍，其影响可见一斑。随着北京非首都功能疏解、雄安新区建设工作的持续推进，以及相关法律政策的实施，相信这一境况在未来会有所改善。

2. 南北创新驱动差距的特征

南方地区科技要素投入强度（R&D 经费投入强度）、原始创新能力提升潜力（市场化指数）和全社会创新创业动员力度（万人发明专利拥有量）均优于北方，并且三个分项指标的优势在逐年拉大。

其中，2020 年，南方 R&D 经费投入强度上涨至 21.71，高于北方 6.57。2011年，南方万人发明专利拥有量为 4.74，高于北方 1.01；2020 年，南方万人发明专利拥有量增加到 27.17，高于北方 19.15。2020 年，南方市场化指数是 58.36，高于北方 20.64，在创新驱动领域各项三级指标中最高。

（三）民生福祉

1. 南北民生福祉平衡发展差距分析

2011—2020 年，南北民生福祉平衡发展指数均呈持续上升趋势，总体来看由北方占优转向南方领先。

南方民生福祉平衡发展指数由 2011 年的 40.14 逐年增长至 2020 年的 57.64，其间增加了 17.50；北方民生福祉平衡发展指数由 2011 年的 41.15 逐年增长至 2020 年的 55.47，其间增加了 14.32（图 5-4）。南北总体民生福祉平衡发展水平持续提升。2011—2020 年，南方民生福祉平衡发展指数年均增长速度为 4.10%，北方民生福祉平衡发展指数年均增长速度为 3.37%，南方增长速度平均高于北方

0.73 个百分点。总体来看，南方民生福祉平衡发展指数增长速度更快，逐步超越北方。

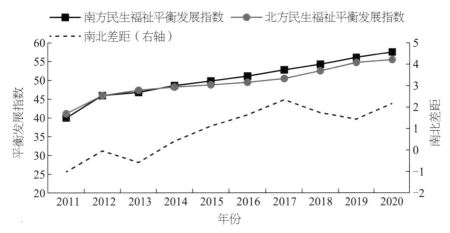

图 5-4　南方和北方民生福祉平衡发展指数及南北发展差距

南北方地区民生福祉内部不平衡程度总体上均呈波动下降趋势（图 5-5），北方民生福祉地区不平衡程度仍明显高于南方，总体来看南北方地区民生福祉发展不平衡程度处于较低水平。

图 5-5　南方和北方地区民生福祉不平衡程度

2.南北民生福祉差距的特征

（1）南方在居民人均可支配收入和养老保险覆盖率方面占有优势。2020 年，南方居民人均可支配收入平衡发展指数高于北方 4.34，南方养老保险覆盖率平衡发展指数高于北方 11.34。

（2）北方在教育（劳动年龄人口平均受教育年限）和医疗卫生（每千人口拥有执业（助理）医师数）方面占有优势。2020 年，劳动年龄人口平均受教育年限南北平衡发展差距均有所减小，但北方仍明显高于南方，南北差距分别为 −13.9 和 −2.52。北方每千人口拥有执业（助理）医师数平衡发展指数显著高于南方，南北差距由 2011 年的 7.54 缩小至 2020 年的 4.72。

（四）绿色生态

1. 南北生态平衡发展差距分析

南方绿色生态领域平衡发展水平高于北方，两者之间差距小幅增大。南方绿色生态平衡发展指数由 2011 年的 60.66 增长至 2020 年的 82.87；北方绿色生态平衡发展指数由 2011 年的 51.13 增长至 2020 年的 68.46（图 5-6）。2011—2020 年，南方绿色生态平衡发展指数年均增速为 3.53%，平均高于北方 0.23 个百分点。南北绿色生态领域发展差距由 2011 年的 9.53 上升至 2020 年的 14.41。

图 5-6　南方和北方绿色生态平衡发展指数及南北发展差距

南北地区内部绿色生态领域不平衡均呈下降趋势，相比之下，南方下降幅度更大。南方绿色生态发展损失由 2011 年的 13.50% 波动下降至 2020 年的 6.65%，下降 6.85 个百分点（图 5-7）。北方地区也呈现波动下降态势，由 2011 年的 13.73% 波动下降至 11.21%，下降 2.52 个百分点。除了 2015 年南方地区绿色生态发展损失比北方地区高 0.52 个百分点以外，其他考察期内南方绿色生态发展损失均低于北方地区。

图 5-7　南方和北方绿色生态地区不平衡程度

2．南北绿色生态差距的特征

（1）南北地区绿色生态领域平衡发展差异较大，南方地区空气质量（空气质量指数优良率和细颗粒物浓度（PM2.5）未达标率）、水质量（地表水劣于 V 类水体比例）和能源消耗（单位 GDP 能耗）均优于北方。

2020 年，南方空气质量指数优良率和细颗粒物浓度（PM2.5）未达标率平衡发展指数分别高于北方 19.54 和 8.90；南方地表水劣于 V 类水体比例平衡发展指数高于北方 3.40；南方单位 GDP 能耗平衡发展指数高于北方 25.78，在绿色生态各项三级指标中最高。

（2）南北地区单位 GDP 能耗和空气质量指数优良率平衡发展差距整体呈上升趋势，北方绿色生态平衡发展主要受限于能源消耗和空气质量。

北方地区单位 GDP 能耗平衡发展指数从 2011 年的 37.90 增加到 2020 年的 47.62，仅略高于 2020 年南方地方单位 GDP 能耗平衡发展指数的一半；南北地区空气质量指数优良率平衡发展差距逐渐扩大，从 2011 年的 4.93 增加到 2020 年的 19.54。

三、缩小南北差距的政策建议

（一）发挥北方地区比较优势，提升北方产业价值链位置

虽然北方地区总体上的经济平衡发展水平落后于南方，但北方在基础设施、人力资本存量等方面仍旧存在一定优势。因此，北方地区应发挥自己的优势，把自身既有的积累和基础潜力挖掘出来。大力培育创新主体，激发人力资本活力，将在人力资本方面所具备的优越性转化为促进创新产出和提升产业价值链位置的新动力。将北方土地、资源、劳动力等优势与南方的资本、科技创新能力等相结合，实现南北之间的互补。

（二）重视创新驱动发展理念，促进南北地区产业转型升级

一是要加快推动有为政府和有效市场的建设，发挥政府的领航作用，提高行政效率，降低商务成本，激发市场活力。二是要积极吸引创新性人才，重视人力资本的培育，并打造敢于创新、容忍失败的氛围，培育创新性地域文化。三是要加强对科研创新投入力度，增加对创新性产业的资金、技术等要素投入，加大对创新基础设施的投资强度，扎实推进各地区国家高新区这类区域性创新高地的建设，为创新性企业提供良好的经济社会环境。

（三）缩小民生发展区域差距，促进区域公共服务均等化

缩小区域差距、促进区域协调发展是实现共同富裕的主攻方向之一。正如习近平总书记所言，"不平衡是普遍的，要在发展中促进相对平衡"。区域协调发展并不是一味地追求平等发展、同步发展，而是要在发展的同时促进区域间的均衡。这意味着：一方面要追求提供高质量的公共服务，完善社会保障制度，提升民生福祉以满足人民美好生活的需要；另一方面要聚焦基本公共服务均等和人民生活保障水平大致相当，逐渐缩小区域差距，既要缩小收入上的差距，又要缩小教育、医疗、社保等方面的不平等，使得人民对美好生活的向往不断得到实现。

（四）因地制宜制定环境保护政策，把握当前绿色生态发展优势

从南方地区来看，需要保持现有的空气质量和能源消耗在绿色生态领域的领先优势，进一步推进细颗粒物浓度的治理，提高能源生产效率，减少资源浪费。北方地区则需要着重加强空气污染和水污染的治理，提高绿色生态领域平衡发展的核心驱动力，同时关注细颗粒污染物的排放，改变传统工业产业结构，发挥技术进步在产业中的重要作用，加速淘汰重污染高能耗产业，向新能源和绿色产业结构转型升级。

专题二：平衡发展的国际比较分析

一、引言

课题组基于清华大学平衡发展指数指标体系，结合可持续发展目标 2030 及统计数据的可获得性，确定了具有可比性的领域发展指标进行国际比较分析。平衡发展的国际比较指标体系由 4 个一级指标、14 个基础指标构成（表 5-2）。

表 5-2　平衡发展的国际比较指标体系一览表

一级指标	二级指标	序号	基础指标	计量单位	指标方向
1. 经济	经济效益	1	人均 GDP	元	正向
		2	劳动生产率	元 / 人	正向
	经济结构	3	中高技术产业增加值占比	%	正向
	创新驱动	4	R&D 经费投入强度	—	正向
	基础设施	5	固定宽带用户	个	正向
2. 社会	社会公平	6	基尼系数	—	逆向
	社会保障	7	国内私人保健支出占比	%	逆向
		8	贫困人口比例	%	逆向
3. 生态	空气质量	9	PM2.5	$\mu g/m^3$	逆向
	生态保护	10	人均 CO_2 排放量	吨 / 人	逆向
		11	森林覆盖率	%	正向
4. 民生	收入	12	人均 GNI	美元	正向
	教育	13	教育指数	—	正向
	医疗健康	14	出生时预期寿命	岁	正向

在 4 个一级指标中，经济领域主要考察与经济持续健康发展相关的因素，从经济效益、经济结构、创新驱动和基础设施等方面分别衡量，包括 5 个基础指标；社会领域主要考察新时代促进社会进步的相关因素，从社会公平和社会保障方面分别衡量，包括 3 个基础指标；生态领域主要考察加快生态文明领域的发展情况，从空气质量和生态保护方面分别衡量，包括 3 个基础指标；民生领域主要考察保障和改善民生福祉的因素，从收入、教育和医疗健康等方面分别衡量，包括 3 个基础指标。

通过对各国四领域发展状况的对比分析，剖析中国在四个维度的发展成效与不足，为我国更好地实现更平衡、更充分的发展制定相关政策提供依据，这对于统筹发展和安全，实现经济行稳致远、社会安定和谐，全面建设社会主义现代化国家具有十分重要的意义。

二、国际比较的总体测度结果分析

（一）总体指数结果分析

如图 5-8 所示，我国平衡发展的国际比较总指数呈逐年上升趋势。如图 5-9 所示，2010 年，我国平衡发展国际比较总指数为 56.39，2020 年增长至 63.90，其间增加了 7.51，年均增速为 1.26%。从领域内部来看，各领域均呈现明显的上升趋势。从 4 个子领域上看，经济发展指数上升最为显著，由 2010 年的 35.39 迅速增长至 2020 年的 45.40，增加了 10.01，年均增速为 2.52%；其次是社会发展指数，由 2010 年的 65.71 增长至 2020 年的 74.55，增加了 8.84，年均增速为 1.27%；生态发展指数增长最为缓慢，由 2010 年的 54.10 上升至 2020 年的 58.79，增加了 4.69，年均增速为 0.84%；民生发展指数由 2010 年的 70.37 增长至 2020 年的 76.85，增加了 6.48，年均增速为 1.26%。

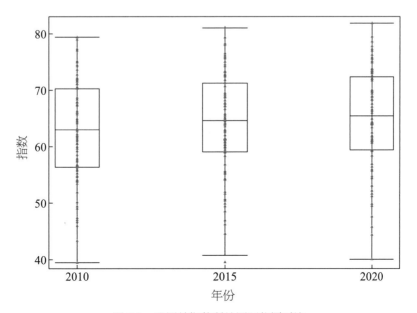

图 5-8　我国总指数所处国际位置对比

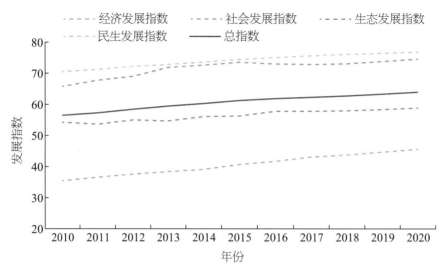

图 5-9　我国平衡发展的国际比较总指数及各子领域发展指数

（二）总体排名情况分析

从平衡发展国际比较指数来看，我国的指数排名呈上升趋势。如图 5-10 所示，在 82 个参评国家 ① 中，2010 年我国总指数排名第 62 位，2016 年上升至第 52 位，并一直稳定到 2018 年，之后每年上升 1 位，到 2020 年上升至第 50 位。从领域内部来看，社会发展指数排名上升趋势最为明显。2010 年我国社会发展指数排名第 63 位，2020 年上升至第 42 位，上升了 21 位。其次是经济发展指数，2010 年位列第 34 位，2020 年位列第 25 位，上升了 9 位。排位较为靠后的是生态发展

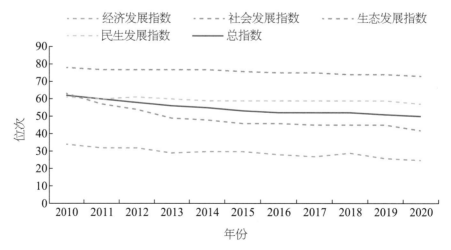

图 5-10　我国平衡发展的国际比较总指数及各领域发展指数的位次

---

① 　见附录 H。

指数，2010 年排在第 78 位，2011 年上升 1 位后排在第 77 位，并持续至 2014 年，之后几年略有上升，到 2020 年排在第 73 位。排位上升最为缓慢且变化最小的是民生发展指数，2010—2019 年基本稳定在第 60 位上下，2020 年排在第 57 位，较 2010 年上升了 4 位，较 2019 年上升了 2 位。

（三）与发达国家之间的差距分析

我国总指数与发达国家还有一定差距。2020 年，我国总指数为 63.90，低于发达国家平均水平（73.78），各分领域也均低于所有测算的发达国家。其中，民生领域差距最为明显，我国民生发展指数（76.85）低于发达国家平均水平（92.06）；其次为生态领域，低于发达国家平均水平（69.62）；差距最小的为社会领域，低于发达国家平均水平（78.18）；经济发展指数比发达国家平均水平（55.24）低 9.84。

（四）在发展中国家中的位置分析

我国总指数在发展中国家中处于领先水平。2020 年，我国总指数位列发展中国家第五位，次于俄罗斯、马来西亚、土耳其和巴西。2020 年我国总指数为 63.90，低于俄罗斯（66.56），高于发展中国家平均水平（59.65）。其中，经济发展指数表现最为亮眼，排在第 1 位；其次为社会发展指数，超过发展中国家平均水平（68.72），排在第 3 位；民生发展指数比发展中国家平均水平（73.96）高 2.89，排在第 6 位；生态发展指数，排在第 9 位。

三、各领域发展的国际比较分析

（一）经济发展领域的测度结果分析

1. 指数结果分析

如图 5-11 所示，我国经济发展的国际比较指数逐年上升。如图 5-12 所示，2011 年我国经济发展的国际比较指数为 35.39，2020 年增至 45.40，其间增加了 10.01，年均增速达到 2.52%。从经济发展内部来看，各指标均呈现明显的上升趋势。其中，固定宽带用户指数上升最为显著，由 2010 年的 9.23 迅速增至 2020 年的 33.60，年均增速高达 13.79%；其次是 R&D 经费投入强度指数，由 2010 年的 28.56 增长至 2020 年的 36.69，年均增速为 13.79%。中高技术产业增加值占比指数则增长相对缓慢，由 2010 年的 41.28 上升至 2020 年的 41.35，其间增加了 0.07。

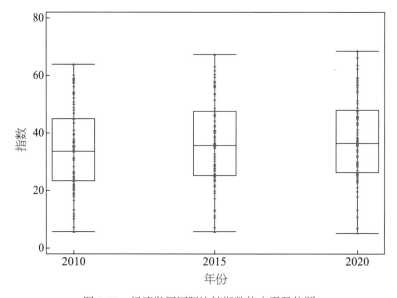

图 5-11 经济发展国际比较指数的水平及位置

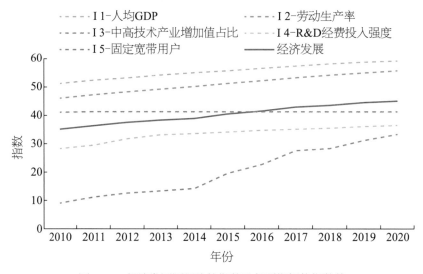

图 5-12 经济发展国际比较指数及各项指标的指数值

2. 排名变动情况分析

我国经济发展领域的国际排名呈波动上升趋势。如图 5-13 所示，2011 年我国经济发展国际比较指数的国际排名为第 34 位，2013 年为第 29 位，之后略有波动，

2020 年为第 25 位。从经济发展内部各指标来看，R&D 经费投入强度排名整体较为靠前，且呈现上升趋势。2010 年我国 R&D 经费投入强度排名为第 15 位，2020年上升至第 13 位。其次是中高技术产业增加值占比，2010 年位列第 24 位，2020年位列第 27 位。排名较为靠后的是劳动生产率，2010 年位列第 59 位，2020 年位列第 46 位。排名上升趋势最为显著的是固定宽带用户数，由 2010 年的第 46 位上升至 2020 年的第 23 位，其间上升了 23 位。而中高技术产业增加值占比排名呈下降趋势，由 2010 年的第 24 位下降至 2020 年的第 27 位。

图 5-13　经济发展国际比较指数及各项指标的位次

3. 与发达国家之间的差距分析

根据测度结果，我国经济发展质量与发达国家还有一定差距。2020 年，我国经济发展国际比较指数及各项指标均低于发达国家平均水平。2020 年，我国经济发展国际比较指数为 45.40，低于发达国家平均水平（55.24）。在测算的发达国家中，仅超过两个国家（葡萄牙和塞浦路斯）。其中，差距较大的是劳动生产率。2020 年我国劳动生产率指数为 55.86，低于发达国家平均水平（76.45），且排名低于所有测算的发达国家。我国 R&D 经费投入强度与发达国家相比位列中后区间，2020 年我国 R&D 经费投入强度指数为 36.69，低于发达国家平均水平（39.66）。

4. 在发展中国家中的位置分析

我国经济发展在发展中国家中处于领先水平。2020 年，我国经济发展国际比较指数位列发展中国家第一位。2020 年我国经济发展国际比较指数为 45.40，高于发展中国家平均水平（29.87）。其中，R&D 经费投入强度和固定宽带用户两项指标表现亮眼。2020 年，我国 R&D 经费投入强度指数位列发展中国家之首，高于发展中国家平均水平（10.67），是发展中国家平均水平的 3.44 倍，比位列第二名的伊朗高 14.08。2020 年我国固定宽带用户指数同样位列发展中国家之最，高于发展中国家平均水平（12.35）。

（二）社会发展领域的测度结果分析

1. 指数结果分析

如图 5-14 所示，我国社会发展的国际比较指数逐年上升。如图 5-15 所示，2010 年我国社会发展的国际比较指数为 65.71，2020 年增长至 74.55，其间增加了 8.84，年均增速为 1.27%。从社会领域内部看社会的发展，各指标均呈现明显的上升趋势。其中，贫困人口比例指数上升最为显著，由 2010 年的 88.80 迅速增长至 2020 年的 99.89，增加了 11.09，年均增速为 1.18%；其次是基尼系数指数，由 2010 年的 56.30 增长至 2020 年的 64.62，增加了 8.32，年均增速为 1.39%。国内私人保健支出占比指数增长相对缓慢，由 2010 年的 52.03 上升至 2020 年的 59.15，其间增加了 7.12，年均增速为 1.29%。

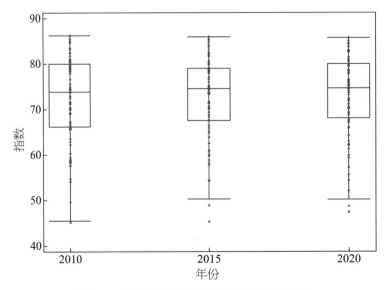

图 5-14　社会发展国际比较指数的水平及位置

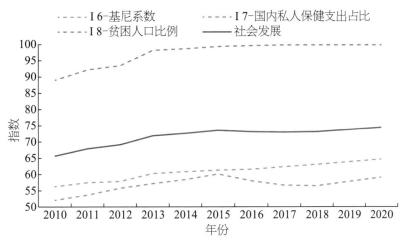

图 5-15 社会发展国际比较指数及各项指标的指数值

2. 排名变动情况分析

我国社会发展的国际排名呈波动上升趋势。如图 5-16 所示,2016 年我国社会发展的国际排名为第 46 位,2017 年下降至第 49 位,之后 2020 年上升至第 42 位。从社会发展内部指标来看,贫困人口比例发展指数排名上升趋势最为明显。2010 年我国贫困人口比例排名为第 72 位,2020 年上升至第 21 位。其次是基尼系数指数,2010 年位列第 72 位,2020 年位列第 49 位。排位较为靠后的是国内私人保健支出占比指数,自 2010 年至 2015 年排名有所上升,2016 年起排名由第 46 位下落至 2020 年的第 51 位。

图 5-16 社会发展国际比较指数及各项指标的位次

3. 与发达国家之间的差距分析

我国社会发展的国际比较指数与发达国家还有一定差距。2020年，我国贫困人口比例指数为99.89，与发达国家相比位列前中区间，超过发达国家平均水平（99.61），社会发展国际比较指数及该领域其他指标均低于发达国家平均水平。2020年我国社会发展国际比较指数为74.55，低于发达国家平均水平（78.18），但超过三个发达国家（美国、瑞士和塞浦路斯）的水平。其中，差距较大的是国内私人保健支出占比。2020年，我国国内私人保健支出占比发展指数为59.15，低于发达国家平均水平（67.91），但同样超过了三个发达国家（美国、瑞士和塞浦路斯）的水平。

4. 在发展中国家中的位置分析

我国社会发展的国际比较指数在发展中国家中处于领先水平。2020年，我国社会发展国际比较指数位列发展中国家第三位，仅次于土耳其和蒙古。2020年，我国社会发展国际比较指数为74.55，低于土耳其（78.72），高于发展中国家平均水平（68.72）。其中，国内私人保健支出占比指数表现最为亮眼，超过发展中国家平均水平（46.70）；基尼系数指数为64.62，高于发展中国家平均水平（61.36）；贫困人口比例指数超出发展中国家平均水平（98.09）。

（三）生态发展领域的测度结果分析

1. 指数结果分析

如图5-17所示，我国生态发展的国际比较指数略有上升。如图5-18所示，2010年我国生态发展的国际比较指数为54.10，2020年增长至58.79，其间增加了4.69，年均增速为0.83%。从生态发展领域内部来看，人均CO_2排放量发展指数有些许下跌，PM2.5和森林覆盖率发展指数则呈现缓慢的上升趋势。其中，PM2.5发展指数相对上升较为显著，由2010年的53.68增长至2020年的68.82，年均增速为2.52%；森林覆盖率发展指数由2010年的21.29增长至2020年的23.34，年均增速为0.92%；人均CO_2排放量发展指数由2010年的87.34降至2020年的84.22。

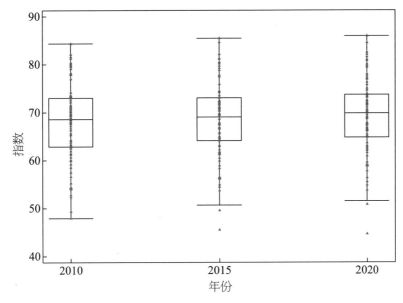

图 5-17 生态发展国际比较指数的水平及位置

图 5-18 生态发展国际比较指数及各项指标的指数值

2. 排名变动情况分析

我国生态发展国际比较指数的国际排名波动上升。如图 5-19 所示,2010 年我国生态发展位列第 85 位,2016、2017 年我国生态发展排名有所下滑,之后到 2020 年上升至第 73 位。从生态社会发展内部各指标来看,PM2.5 和森林覆盖率发展指数排名有所波动,总体呈上升趋势。其中,我国 PM2.5 发展指数除在 2013、2016 和 2017 年排名有所下降外，总体还是由 2010 年的第 86 位上升至 2020 年的第 77 位；其次是森林覆盖率，2010 年位列第 61 位，2020 年位列第 54 位；人均 CO_2 排放量排名总体呈下滑趋势，由 2010 年的第 59 位下跌至 2020 年的第 66 位，表现最差的是 2017 年，排在第 70 位。

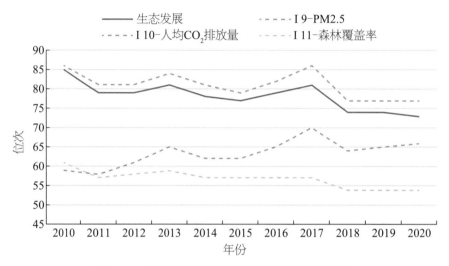

图 5-19　生态发展国际比较指数及各项指标的位次

3. 与发达国家之间的差距分析

我国生态发展与发达国家还有一定差距。2020 年，我国生态发展的国际比较指数为 58.59，低于发达国家平均水平（69.62）。其中，人均 CO_2 排放量表现相对最佳，高于发达国家平均水平（83.18），位列发达国家中区间；PM2.5 表现最差，低于所有测算的发达国家，其指数为 68.82，低于发达国家平均水平（92.20）；森林覆盖率指数为 23.34，位列测算发达国家的中后区间，低于发达国家平均水平（33.47）。

4. 在发展中国家中的位置分析

我国生态发展国际比较指数在发展中国家中处于落后水平。2020 年，我国生态发展国际比较指数及各项指标均低于发展中国家平均水平。2020 年，我国生态发展国际比较指数为 58.79，位列发展中国家中后区间，低于发展中国家平均水平（66.03）。其中，森林覆盖率发展指数最低，但与发展中国家平均水平差值最小。

森林覆盖率发展指数为 23.34，低于发展中国家平均水平（30.44）；PM2.5 发展指数为 68.82，低于发展中国家平均水平（76.20），仅超过巴基斯坦、印度和埃及；人均 CO_2 排放量指数为 84.22，低于发展中国家平均水平（91.46）。

（四）民生领域发展的测度结果分析

1. 指数结果分析

如图 5-20 所示，我国民生发展的国际比较指数逐年上升。如图 5-21 所示，2010 年我国民生发展国际比较指数为 70.37，2020 年增长至 76.85，其间增加了 6.48，年均增速为 0.88%。从民生发展内部来看，各指标均呈现明显的上升趋势。其中，收入指数上升最为显著，由 2010 年的 67.71 迅速增长至 2020 年的 77.58，增加了 9.87，年均增速为 1.37%；其次是教育指数，由 2010 年的 59.70 增长至 2020 年的 65.10，增加了 5.40，年均增速为 0.87%；医疗健康（出生时预期寿命）指数增长相对缓慢，由 2010 年的 83.71 上升至 2020 年的 87.88，其间增加了 4.17，年均增速为 0.49%。

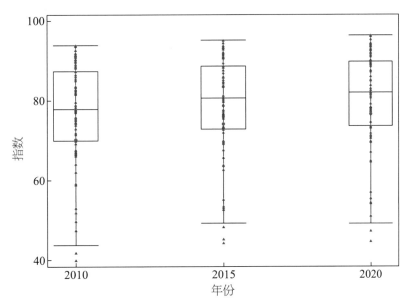

图 5-20 民生发展国际比较指数的水平及位置

图 5-21　民生发展国际比较指数及各项指标的指数值

2. 排名变动情况分析

我国民生发展指数的国际排名呈上升趋势。如图 5-22 所示，2010 年，我国民生发展排第 61 位，2014 年上升至第 59 位并一直稳定到 2019 年，2020 年上升至第 57 位。从民生发展内部各指标来看，收入发展指数排名上升趋势最为明显。2010 年我国收入排名为第 65 位，2020 年上升至第 49 位，上升了 16 名。其次是医疗健康，2010 年位列第 46 位，2020 年位列第 39 位，上升了 7 名。排名较为靠后的是教育，2010 年至 2020 年排名几乎未发生改变，一直稳定在第 65 位。

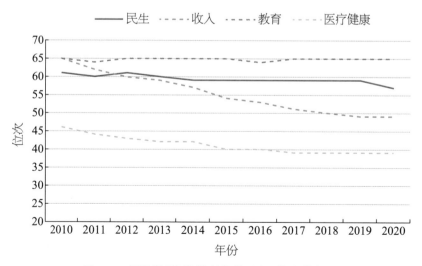

图 5-22　民生发展国际比较指数及各项指标的位次

3. 与发达国家之间的差距分析

我国民生发展与发达国家还有一定差距。2020 年，我国民生发展国际比较指数为 76.85，低于发达国家平均水平（92.06），各分领域也均低于所有测算的发达国家。其中，出生时预期寿命（87.88）低于发达国家平均水平（95.57）；收入指数为 77.58，低于发达国家平均水平（93.33）；教育指数为 65.10，低于发达国家平均水平（87.29）。

4. 在发展中国家中的位置分析

我国民生发展在发展中国家中处于较靠前水平。2020 年，我国民生发展国际比较指数位列发展中国家第五位，次于俄罗斯、马来西亚、土耳其和伊朗。2020 年，我国民生发展国际比较指数为 76.85，低于俄罗斯（83.11），高于发展中国家平均水平（73.96）。其中，出生时预期寿命指数表现最为亮眼，超过发展中国家平均水平（82.39）；收入指数为 77.58，高于发展中国家平均水平（72.19）；教育指数低于发展中国家平均水平（67.32）。

附　录

附录 A　指标标准化方法选择说明

下面首先介绍常用的几种标准化处理方法。

1.极差标准化方法

对于正向指标：

$$Y_i = \frac{X_i - X_{i,\min}}{X_{i,\max} - X_{i,\min}} \tag{A-1}$$

对于逆向指标：

$$Y_i = \frac{X_{i,\max} - X_i}{X_{i,\max} - X_{i,\min}} \tag{A-2}$$

式中，Y_i 为第 i 个指标的标准化后的指数；X_i 为该指标的指标值；$X_{i,\max}$ 为该指标在其指标值中的最大值；$X_{i,\min}$ 为该指标在其指标值中的最小值。

2.线性比例变换法

对于正向指标：

$$Y_i = \frac{X_i}{X_{i,\max}} \tag{A-3}$$

对于逆向指标：

$$Y_i = \frac{X_{i,\min}}{X_i} \qquad\qquad （A\text{-}4）$$

式中，$X_{i,\max} \neq 0$，$X_{i,\min} \neq 0$；Y_i 与 X_i 的定义同极差标准化法。

3. 定基发展水平变换法

该方法用时间序列中报告期发展水平与固定基期发展水平对比所得到的相对数，说明某种客观现象在较长时期内总的发展方向和速度，即报告期的水平是该固定基期的多少倍或百分之多少。

计算公式为

$$Y_i = \frac{X_i}{X_0}, \, i = 1, 2, 3, \cdots, n \qquad\qquad （A\text{-}5）$$

式中，X_0 为基期水平；X_i 为报告期水平。

定基发展水平变换法常用于计算发展速度。

4. 标准样本变换法

该方法对 $X_1, X_2, \cdots, X_n$ 序列作变换，计算公式为

$$Y_i = \frac{X_i - \bar{X}}{s} \qquad\qquad （A\text{-}6）$$

式中，样本均值 $\bar{X}$ 及样本标准差 s 的计算公式如下：

$$\bar{X} = \frac{1}{n}\sum_{i=1}^{n} X_i, \, s = \sqrt{\frac{1}{n-1}\sum_{i=1}^{n}(X_i - \bar{X})} \qquad\qquad （A\text{-}7）$$

经标准样本变换后，若 $X_i > \bar{X}$，则 $Y_i > 0$；若 $X_i < \bar{X}$，则 $Y_i < 0$。正逆向指标的方向未发生变化。

不同标准化方法的定性比较见表 A-1。

表 A-1　不同标准化方法的定性比较

评判标准	极差标准化方法（定基）	线性比例变换法	定基发展水平变换法	标准样本变换法
1. 是否受量纲影响？	否	否	否	否
2. 从横向上看能否反映发展水平？	能	能	能	能
3. 从纵向上看能否反映发展水平？	能	不能	能	不能
4. 能否直观反映发展不充分程度或问题？	相对直观	不直观	只有单一基准，较难反映	不直观
5. 不同指标是否具有可比性？	一般都是标准化后的指标具有可比性			
6. 是否适用于逆向指标或适度指标？	正向化处理后适用	适用性不强	适用性不强	适用
7. 是否具有可加性？	标准化后的取值范围、含义相对明确，具有可加性			取值范围不定，含义不明，可加性较弱
8. 认可度怎么样？已有指数的使用情况如何？	认可度高，使用广泛	较少使用	常用于测度发展速度、增长率等	较少使用
9. 标准化后是否会出现负值的情况？	不会	不会	不会	会
10. 是否要求指标值均大于等于 0？	否	是	是	否

综合而言，极差标准化方法在定性比较中具有一定优势，基本满足标准化所需的可比性和可加性，同时可兼顾发展水平的横向和纵向比较，特别是它能够在一定程度上反映发展不充分问题，因而更适用于平衡发展指数。

附录 B 三级指标标准化参数设定

三级指标标准化参数设定结果如表 B-1 所示。

表 B-1 三级指标极差标准化基准参数的设定结果

一级指标	二级指标	序号	三级指标	指标方向	最小值	最大值	计量单位	备注
1.经济发展	经济效益	1	人均GDP	正向	0	8万	元	最大值参考 OECD 等国家的相应发展水平
		2	能源产出率	正向	0	2.5	万元/吨标准煤	最大值参考上海、北京等市
		3	资本产出率	正向	0	1	—	根据该指标的理论上下限设置
	经济结构	4	居民消费率	正向	0	60	%	最大值参考 OECD 国家
		5	服务贸易占对外贸易比重	正向	0	30	%	最大值参考 OECD 国家
	创新驱动	6	数字经济增加值占比	正向	0	10	%	最大值参考"十四五"规划目标
		7	R&D经费投入强度	正向	0	3	—	最大值似北京、天津、上海、广东、浙江等省市为参考
		8	万人发明专利拥有量	正向	0	20	件/万人	最大值似北京、天津、上海、广东、浙江等省市为参考
	基础设施	9	互联网普及率	正向	20	85	%	最大值以北京、天津、上海、广东、浙江等发达省市水平作为参考
		10	铁路密度	正向	50	200	$km/10^4 km^2$	最大值以东部发达省市水平作为参考
		11	城市交通承载力	正向	0	200	人次/（人·年）	最大值以东部发达省市水平作为参考
	人力资本	12	劳动年龄人口占比	正向	40	80	%	参考近10年国际各国劳动年龄人口占比设定
		13	劳动年龄人口平均受教育年限	正向	0	15	年	参考人类发展指数标准

续表

一级指标	二级指标	序号	三级指标	指标方向	最小值	最大值	计量单位	备注
2.社会发展	社会文明	14	人均接受图书馆服务次数	正向	0	2	次	最大值、最小值根据各地区的最大值、最小值计算得出
		15	人均文化事业费	正向	0	120	元/人	最大值参考样本历年数值，95%百分位为137.1，90%百分位为109.3，为去除极值影响，选取稳健值120
	社会公平	16	居民人均收入基尼系数	逆向	0	1	—	根据该指标的理论上下限设置
		17	劳动就业中的性别差异	逆向	0	1	—	根据该指标的理论上下限设置
	社会安全	18	亿元GDP生产安全事故死亡人数	逆向	0	0.52	人/亿元	全部年份全部省份数据中95%的值在0.52以下，为去除极值影响，选取稳健值0.52为最大值
		19	刑事犯罪率	逆向	0	2400	件/十万人	根据世界银行发布的世界发展指数（WDI）数据，按照各国人口权重计算的各国犯罪率中位数数取整得出
	社会治理	20	每十万人社会组织数量	正向	0	112	个/十万人	最大值以地区最大值为参考
		21	每十万人拥有律师数	正向	0	130	人/十万人	最大值以地区最大值为参考
	社会保障	22	养老金替代率	正向	0	0.7	—	世界银行建议，要维持退休前的生活水平不下降，养老金替代率须不低于70%。因2008年和2009年城乡居民各地区人均基本养老金数据缺失，故对养老金替代率的分析建议从2010年开始
		23	养老保险覆盖率	正向	0	100	%	根据该指标的理论上下限设置
		24	医疗自付比	逆向	5	60	%	2016年个人现金卫生支出占卫生总费用比例最小值为5.46%，在此可取5%作为最小值；用2000年以来全国比例最大值60%作为最大值
		25	贫困发生率	逆向	0	20	%	最大值以地区最大值为参考

续表

一级指标	二级指标	序号	三级指标	指标方向	最小值	最大值	计量单位	备注
3.生态环境	空气质量	26	空气质量指数优良率	正向	0	100	%	根据该指标的理论上下限设置
		27	细颗粒物浓度（PM2.5）未达标率	逆向	0	60	%	参考绿色发展指数
		28	臭氧浓度	逆向	0	800	$\mu g/m^3$	最大值参考国家污染物排放限值
	水质量	29	地表水劣于V类水体比例	逆向	0	40	%	根据该指标的理论上下限设置
		30	河流水质状况Ⅲ类以上占比	正向	0	100	%	参考绿色发展指数
	土壤质量	31	单位耕地面积化肥施用量	逆向	0	2	吨/公顷	最大值、最小值根据各地区的最大值、最小值计算得出
		32	单位耕地面积农药使用量	逆向	0	45	千克/公顷	全国土地面积为最大值，0为最小值
	环境治理	33	一般工业固体废物综合利用率	正向	0	100	%	根据该指标的理论上下限设置
		34	城市日均污水处理能力	正向	0	0.6	$10^4 m^3/日$	最大值以地区最大值为参考
	生态保护	35	生态质量优良面积占国土面积比重	正向	0	100	%	根据该指标的理论上下限设置
		36	造林面积	正向	0	107	公顷	最大值根据森林覆盖率2017—2020年增长率计
4.民生发展	收入	37	居民人均可支配收入	正向	0	6万	元	最大值为城市，农村五等份高收入加权平均取整数
		38	居民人均消费支出	正向	0	4万	元	最大值以地区最大值为参考
	就业	39	求人倍率	逆向	0	1	—	该指标做了线性变换：min（x, 1/x），使其在（0，1）中
		40	调查失业率	逆向	0	7	%	最大值参考国际标准
		41	就业参与率	正向	0	1	—	根据该指标的理论上下限设置

续表

一级指标	二级指标	序号	三级指标	指标方向	最小值	最大值	计量单位	备注
4. 民生发展	居住	42	城镇人均住房建筑面积	正向	10	60	m²	我国部分地区的人均住房建筑面积已达到50m²以上；国际上部分发达国家的人均住房建筑面积达到了60～70m²
		43	房价收入比	逆向	4	16	—	国际上公认的合理标准是房价收入比在3～6之间，此处取我国的理想值取4。现阶段我国房价收入比最高的地区为北京和海南，最高达19。最大值设置选取2017年我国各地区的80%分位数水平
		44	农村居住便利设施普及率	正向	0	100	%	根据该指标的理论上下限设置
		45	高中毛入学率	正向	0	100	%	根据该指标的理论上下限设置
	教育	46	高中及以下阶段生师比	逆向	7	20	—	以地区最大值、最小值为标准
		47	高中及以下阶段生均公共财政预算公用经费支出	正向	0	6000	元	以地区最大值、最小值为标准
	医疗健康	48	婴儿死亡率	逆向	5	50	‰	《2030年"健康中国"什么样？——详解未来中国健康指数》提出：到2030年，婴儿死亡率下降至5‰，故设为最小值；1991年至今婴儿死亡率最大值为50.2‰，在此取50‰为最大值
		49	每千人口卫生技术人员数	正向	0	10	人	2017年每千人口卫生技术人员数前三的地区平均值为9.18，在此可取10为最大值
		50	出生时预期寿命	正向	20	85	岁	根据人类发展指数中出生时预期寿命最大值，最小值确定
		51	每千老年人口养老床位数	正向	0	40	张	根据民政部、发改委在《民政事业发展第十三个五年规划》中的发展目标确定最大值

注：由于数据可得性原因，调查失业率未纳入2017年及之前年份平衡发展指数的计算。

附录 C 地区不平衡测度的权重信息

地区不平衡测度的权重信息参见表 C-1。

表 C-1 各指标计算地区不平衡所采用的权重信息

序　号	三级指标	权重信息
1	人均 GDP	常住人口
2	能源产出率	能源消耗量
3	资本产出率	资本存量
7	R&D 经费投入强度	地区生产总值
8	万人发明专利拥有量	常住人口
9	互联网普及率	常住人口
10	铁路密度	常住人口
11	城市交通承载力	城镇人口
12	劳动年龄人口占比	常住人口
13	劳动年龄人口平均受教育年限	常住人口
14	人均接受图书馆服务次数	常住人口
15	人均文化事业费	常住人口
18	亿元 GDP 生产安全事故死亡人数	常住人口
20	每十万人社会组织数量	常住人口
21	每十万人拥有律师数	常住人口
22	养老金替代率	养老保险实际领取待遇人数
23	养老保险覆盖率	15 岁以上人口
24	医疗自付比	常住人口
26	空气质量指数优良率	常住人口
27	细颗粒物（PM2.5）浓度未达标率	常住人口
28	臭氧浓度	常住人口
29	地表水劣于 V 类水体比例	常住人口
31	单位耕地面积化肥施用量	耕地面积
32	单位耕地面积农药使用量	耕地面积
33	一般工业固体废物综合利用率	常住人口
34	城市日均污水处理能力	常住人口
37	居民人均可支配收入	常住人口
38	居民人均消费支出	常住人口
41	就业参与率	常住人口
42	城镇人均住房建筑面积	城镇人口
43	房价收入比	城镇人口
44	农村居住便利设施普及率	农村人口
46	高中及以下阶段生师比	小学、初中、高中学生总数
47	高中及以下阶段生均公共财政预算公用经费支出	小学、初中、高中学生总数
49	每千人口卫生技术人员数	常住人口
51	每千老年人口养老床位数	常住人口

附录 D　不同权重方案下的平衡发展指数结果比较

1. 一级指数计算结果

2012—2019 年平衡发展指数一级综合指数计算结果参见表 D-1。

表 D-1　2012—2019 年平衡发展指数一级综合指数计算结果

年　　份	经　　济	社　　会	生　　态	民　　生
2012	43.61	42.94	47.16	45.45
2013	45.08	44.46	48.76	47.93
2014	46.82	46.06	48.13	49.71
2015	48.43	47.61	50.88	51.06
2016	49.86	49.30	51.00	52.21
2017	50.60	51.26	51.90	53.16
2018	51.73	53.00	52.41	52.34
2019	53.46	54.71	52.84	54.43

2. 不同的权重方案

考虑以下五种情况的权重设置方案：

（1）一级指标等权重；

（2）三级指标等权重，即三级指标的权重与个数成正比；

（3）偏重经济发展；

（4）偏重民生福祉；

（5）经济发展和民生福祉相对重要。

不同方案下的权重结构参见表 D-2。

表 D-2　不同方案下的权重结构

方　　案	经　　济	社　　会	生　　态	民　　生
1	0.25	0.25	0.25	0.25
2	0.28	0.17	0.15	0.39

方　　案	经　　济	社　　会	生　　态	民　　生
3	0.4	0.2	0.2	0.2
4	0.2	0.2	0.2	0.4
5	0.3	0.2	0.2	0.3

3. 不同权重方案下平衡发展指数的趋势图

不同权重方案下平衡发展指数的发展趋势见图 D-1。

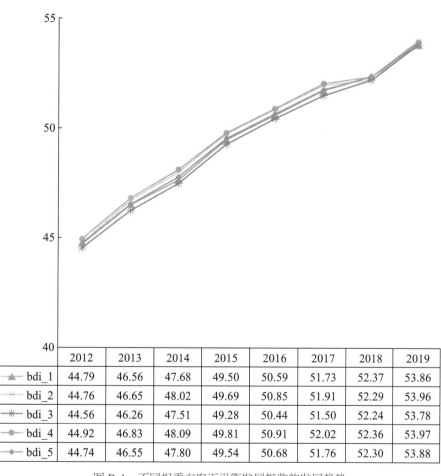

	2012	2013	2014	2015	2016	2017	2018	2019
bdi_1	44.79	46.56	47.68	49.50	50.59	51.73	52.37	53.86
bdi_2	44.76	46.65	48.02	49.69	50.85	51.91	52.29	53.96
bdi_3	44.56	46.26	47.51	49.28	50.44	51.50	52.24	53.78
bdi_4	44.92	46.83	48.09	49.81	50.91	52.02	52.36	53.97
bdi_5	44.74	46.55	47.80	49.54	50.68	51.76	52.30	53.88

图 D-1　不同权重方案下平衡发展指数的发展趋势

附录 E　统计指标解释与数据来源

一、经济类平衡发展指数指标说明

1. 人均 GDP：一定时期内 GDP 与平均常住人口之比，用于反映经济的发展状况。为了衡量实际水平，这里以 2008 年为基期计算可比价 GDP。数据来源：《中国统计年鉴》。

2. 能源产出率：指每吨标准煤所能获得的产出量，即国内生产总值（以 2008 年为基期的可比价 GDP）与能源消费总量之比，用于反映能源的产出程度。数据来源：《中国统计年鉴》《地区统计年鉴》。

3. 资本产出率：指单位资本投入量所能获得的产出量，即国内生产总值（以 1978 年为基期的可比价 GDP）与资本存量（以 1978 年为基期）之比，用于反映资本的产出程度。数据来源：《中国统计年鉴》；资本存量数据根据白重恩和张琼（2014）《中国的资本回报率及其影响因素分析》一文的方法测算，数据由作者提供。

4. 居民消费率：指居民最终消费支出的总额占当年 GDP 的比例，用于衡量一国经济结构的发展状况。数据来源：《中国统计年鉴》。

5. 服务贸易占对外贸易比重：指服务贸易进出口总额除以货物贸易和服务贸易进出口总额之和。数据来源：国家外汇管理局。

6. 数字经济增加值占比：指数字经济增加值占国内生产总值的比重，用来反映数字经济对整体经济的贡献程度。数字经济范围和数字经济增加值测算方法参见许宪春、张美慧（2020）《中国数字经济规模测算研究——基于国际比较的视角》一文。数据来源：作者提供。数据修订与更新：鉴于国家统计局对信息传输、软件和信息技术服务业增加值数据进行了修订，根据《中国统计年鉴 2020》最新数据，作者对原文 2015—2017 年相关测算结果进行修订，并将测算结果更新至2019 年。

7. R&D 经费投入强度：指 R&D 内部经费支出与国内生产总值之比。数据来源：《中国科技统计年鉴》《中国统计年鉴》。

8. 万人发明专利拥有量：指每一万名年末常住总人口拥有经国内外知识产权行政部门授权且在有效期内的发明专利件数，是国际通行的反映拥有自主知识产权技术的核心指标。数据来源：国家知识产权局。

9. 互联网普及率：指接入互联网人口数与人口总数的比值，用于反映基础设施的发展程度。数据来源：《中国互联网络发展状况统计报告》。

10. 铁路密度：指铁路里程与土地面积的比值，是反映交通基础设施发展及区域差异最为常用的指标之一。数据来源：《中国国土资源统计年鉴》、中国经济与社会发展统计数据库。

11. 城市交通承载力：指当地城市公共交通客运总量与城镇常住人口的比值。其中，城市交通客运量主要包括公交和城市轨道交通。用于反映各省城市公共交通服务的能力与水平。数据来源：CEIC 数据库。

12. 劳动年龄人口占比：指 15～64 岁人口数占年末总人口数的比重，反映人口年龄结构，衡量我国人力资本存量情况。数据来源：《国家统计局人口抽样调查数据资料》。

13. 劳动年龄人口平均受教育年限：指一个国家劳动年龄人口平均接受学历教育的年数，包括普通教育和成人学历教育，但不包括非学历培训，可从质量上反映我国人力资本的积累。数据来源：《国家统计局人口普查数据》，白重恩和张琼（2015）《中国生产率估计及其波动分解》。

二、社会类平衡发展指数指标说明

1. 人均接受图书馆服务次数：指一定时期内公共图书馆总流通人次和常住人口之比。其中，总流通人次代表一定时期内去图书馆场馆接受图书馆服务的总人次，包括借阅书刊、咨询问题及参加各类读者活动等，反映出我国人民对公共图书馆资源的利用情况。数据来源：《中国文化和旅游统计年鉴》《中国统计年鉴》。

2. 人均文化事业费：指国家用于发展社会文化事业的财政经费的人均支出。数据来源：《中国文化文物统计年鉴》。

3. 居民人均收入基尼系数：指全部居民收入中，用于进行不平均分配的那部分收入所占的比例。根据洛伦茨曲线定义计算得出，是国际上通用的衡量国家或地区居民收入差距的指标。数据来源：《中国住户调查统计年鉴》。

4. 劳动就业中的性别差异：指在分登记注册类型城镇单位就业人员年末数据中，劳动就业人员中男性占比与女性占比的差值。反映劳动就业中的性别公平程度。数据来源：《中国劳动统计年鉴》。

5. 亿元 GDP 生产安全事故死亡人数：指每生产出 1 亿元国民生产总值过程中，因安全事故导致死亡的人数。反映社会安全生产建设水平。数据来源：各省国民经济和社会发展统计公报。

6. 刑事犯罪率：指每 10 万人中，当年公安机关立案的刑事案件数，反映社会治安情况。数据来源：《中国统计年鉴》。

7. 每 10 万人社会组织数量：指按照常住人口计算的平均每 10 万人社会组织数，反映社会的治理水平。数据来源：《中国民政统计年鉴》。

8. 每 10 万人拥有律师数：指按照常住人口计算的平均每 10 万人拥有的律师数，表征我国社会法制的发展水平。数据来源：《中国社会统计年鉴》。

9. 养老金替代率：指当年全部退休人员人均养老金与工资的比例，其中，工资采用人均可支配收入替代。用于衡量劳动者退休前后的生活水平总体差异。数据来源：《中国统计年鉴》。

10. 养老保险覆盖率：指全国参加基本养老保险人数占养老保险应参保人数的比例。全国参加基本养老保险人数等于参加城镇职工基本养老保险人数与城乡居民基本养老保险参保人数之和，以 15 岁及以上人口数衡量养老保险应参保人数。

衡量养老保险制度的覆盖状况。数据来源：《中国统计年鉴》。

11. 医疗自付比：指卫生总费用中个人现金卫生支出部分的占比。其中，卫生总费用指一个国家或者地区在一定时间内，为开展卫生服务活动从全社会筹集的卫生资源的货币总额，按来源法核算；个人现金卫生支出是指城乡居民在接受各类医疗卫生服务时由个人承担支付的费用部分。数据来源：《中国卫生健康统计年鉴》。

12. 贫困发生率：指生活在贫困标准以下的人口占全部人口的比重，其中现行的农村贫困标准为每人每年 2300 元（2010 年不变价）。用于反映各地区的脱贫攻坚进展。数据来源：《中国统计年鉴》。

三、生态类平衡发展指数指标说明

1. 空气质量指数优良率：指一年 365 天中空气质量达到良（二级）以上即空气质量指数值（一天 24 小时中 AQI 指数最大值）低于 100 的天数占比，用于衡量空气质量状况。数据来源：根据全国城市空气质量实时发布数据计算。

2. 细颗粒物浓度（PM2.5）未达标率：指一年 365 天中 PM2.5 浓度（一天中 PM2.5 实时值的均值计算日均浓度）高于 75 μg/m³ 的天数占比，其中，75 μg/m³ 为环保部设定的 PM2.5 日浓度二级限值。用于衡量空气质量状况。数据来源：根据全国城市空气质量实时发布数据计算。

3. 臭氧浓度：指一年 365 天中臭氧浓度（8 小时滑动均值）的 75% 分位数值。数据来源：根据全国城市空气质量实时发布数据计算。

4. 地表水劣于 V 类水体比例：指根据我国《地表水环境质量标准》（GB 3838—2002），劣于 V 类水质断面占全部水质断面的比例。用于反映地表水质量状况。数据来源：《中国环境统计年鉴》。

5. 河流水质状况Ⅲ类以上占比：指河流水质为Ⅰ类、Ⅱ类和Ⅲ类河长占评价总河长的比例，用于反映河流水质状况。数据来源：《中国环境统计年鉴》。

6. 单位耕地面积化肥施用量：指报告期内每单位可种植农作物、经常耕锄的耕地面积中，氮肥、磷肥、钾肥和复合肥等各种化肥的平均施用量，等于化肥施用总量除以总耕地面积。用于衡量土壤质量状况。数据来源：《中国环境统计年鉴》《中国统计年鉴》。

7. 单位耕地面积农药使用量：指报告期内每单位可种植农作物、经常耕勘的耕地面积农药的使用量，等于农药使用总量除以总耕地面积。用于衡量土壤质量状况。数据来源：《中国环境统计年鉴》《中国统计年鉴》。

8. 一般工业固体废物综合利用率：指一般工业固体废物综合利用量与一般工业固体废物产生量的比值。一般工业固体废物系指未被列入《国家危险废物名录》（2016 版）或者根据国家规定的《危险废物鉴别标准》（GB 5085）、《固体废物浸出毒性浸出方法》（GB 5086—1997）及《固体废物浸出毒性测定方法》（GB/T 15555）鉴别方法判定不具有危险特性的工业固体废物。数据来源：《中国环境统计年鉴》。

9. 城市日均污水处理能力：指报告期内污水处理厂（或污水处理装置）每昼夜处理污水量的设计能力，再按城市人口数计算的人均水平。用于反映城市的环境治理情况。数据来源：《中国环境统计年鉴》。

10. 生态质量优良县域面积占国土面积比重：指根据环保部的生态状况指数，生态质量为"优"和"良"的县域面积占我国国土面积的比重。数据来源：中华人民共和国生态环境部。

11. 造林面积：指报告期内在可造林的土地上采用人工播种、植苗等方法种植成片乔木林和灌木林，并且成活率达到 85% 及以上的造林面积，用于反映生态保护水平。数据来源：《中国环境统计年鉴》。

四、民生类平衡发展指数指标说明

1. 居民人均可支配收入：指居民可用于最终消费支出和储蓄的总和，按照居民家庭人口平均的收入水平，用于衡量居民购买力和生活水平。数据来源：《中国统计年鉴》。

2. 居民人均消费支出：指家庭人均用于满足日常生活消费需要的全部支出，

包括食品烟酒、衣着、居住、生活用品及服务、交通通信、教育文化娱乐、医疗保健及其他用品及服务八大类。用于反映居民的人均消费水平。数据来源:《中国统计年鉴》。

3. 求人倍率：指市场上职务需求人数与求职人数之比。课题组利用高级技师、技师、高级技能师及高级工程师四类高技术人才的求人倍率进行几何平均计算而得，用于反映就业市场结构性问题。数据来源:《公共就业服务机构市场供求状况分析》。

4. 城镇调查失业率：指城镇调查失业人数占城镇调查从业人数与城镇调查失业人数之和的比，反映劳动力市场资源配置状况。数据来源:《国家统计局统计月报》。

5. 就业参与率：指就业人数与 15 ～ 64 岁人口的比值，用来衡量劳动力市场的就业情况。数据来源:《中国统计年鉴》《国家统计局人口抽样调查数据资料》。

6. 城镇人均住房建筑面积：按城镇居住人口计算的平均每人拥有的住宅建筑面积，等于家庭平均住房建筑面积 / 家庭平均人口数。用于反映城镇人口基本居住的发展水平。数据来源:《国家统计局住户调查数据资料》。

7. 房价收入比：指住房总价与居民家庭年收入之比，用于反映当前我国城镇居民解决购房需求的负担系数。其中，住房总价 = 新建商品住宅成交均价 × 城镇人均住房建筑面积 × 城镇家庭户均人口；家庭年收入 = 城镇居民人均可支配收入 × 城镇家庭户均人口。数据来源:《中国统计年鉴》《国家统计局住户调查资料》。

8. 农村居住便利设施普及率：指农村地区住宅具备天然气、自来水和卫生厕所三类居住便利设施的家庭人口平均占比，用于反映农村居民居住发展情况。由于不存在直接统计口径数据，本指标采用农村用水普及率、农村燃气普及率和农村卫生厕所普及率的几何平均值计算。数据来源:《中国农村统计年鉴》。

9. 高中毛入学率：指高中阶段在校生总数与 15 ～ 17 岁年龄组人口数之比，用于反映高中阶段教育总体入学水平。数据来源:《中国教育统计年鉴》。

10. 高中及以下阶段生师比：指每位高中及以下专任教师平均所教的学生数，用于反映高中及以下教师数量充足程度。数据来源:《中国教育统计年鉴》。

11. 高中及以下阶段生均公共财政预算公用经费支出：指高中及以下的教育公共财政预算公用经费支出与其在校生总数之比，用于反映以高中及以下学生人数平均的公用经费的充足程度。数据来源:《中国教育经费统计年鉴》。

12. 婴儿死亡率：指一年内一岁以下婴儿死亡人数相对该年每千名活产婴儿的比率，用于反映一个国家或地区的妇幼保健工作水平。数据来源:《中国卫生健康统计年鉴》。

13. 每千人口卫生技术人员数：指一个国家或地区每千名年末常住人口中拥有的卫生技术人员数，用于反映一个国家或地区的医疗卫生资源水平。数据来源:《中国卫生健康统计年鉴》。

14. 出生时预期寿命：指新生儿在一定的各年龄组死亡率水平下，平均可能继续生存的年数，用于反映一个国家或地区的卫生服务和健康水平。数据来源:《中国卫生健康统计年鉴》。

15. 每千老年人口养老床位数：每千名老年人口可获得的提供住宿的社会服务养老床位数，用于衡量一个国家或地区养老服务保障水平。数据来源:《中国统计年鉴》。

附录 F　平衡发展指数的计算方法

平衡发展指数是对我国整体发展水平和发展不平衡不充分程度的一种综合量度。对于地区或城乡不平衡问题的反映指标，还要根据相应地区或城乡数据计算其不平衡程度，作为调整系数对标准化水平进行调整。因此，在平衡发展指数的计算过程中将涉及发展指数、平衡发展指数及因不平衡调整而产生的发展损失等概念。具体计算公式和流程说明如下。

1. 发展指数

如前所述，我们采用极差标准化方法对全国层面指标数据进行标准化处理，基于标准化的结果来衡量发展水平或发展不充分的程度。

记 X_{ijk} 为特定年度三级指标的全国水平，其中，i、j、k 分别表示其对应的一、二、三级指标序号，并记 X_{ijk}^{dvpt} 为其标准值，即发展指数。

对于正向指标，采用如下标准化公式：

$$X_{ijk}^{\mathrm{dvpt}} = \frac{x_{ijk} - x_{ijk}^{\min}}{x_{ijk}^{\max} - x_{ijk}^{\min}} \times 100 \qquad （\text{F-1}）$$

式中，$x_{ijk}^{\max}$ 和 $x_{ijk}^{\min}$ 分别为发展充分状态下的理想值和发展极不充分状态下的不允许值。

对于逆向指标，采用如下标准化公式：

$$X_{ijk}^{\mathrm{dvpt}} = \frac{x_{ijk}^{\max} - x_{ijk}}{x_{ijk}^{\max} - x_{ijk}^{\min}} \times 100 \qquad （\text{F-2}）$$

式中，$x_{ijk}^{\max}$ 和 $x_{ijk}^{\min}$ 分别为发展极不充分状态下的不允许值和发展充分状态下的理想值。

在所有三级指标的标准化结果中，发展指数越大、越接近于 1，说明发展程度越高、发展越充分；发展指数越小、越接近于 0，说明发展程度越低、发展越不充分。当然，标准化是以参照值为前提的，故发展指数所体现的发展程度或充分性是相对于参照值而言的。

2. 平衡发展指数

（1）地区和城乡不平衡程度的计算

记 ine^{IR} 为地区不平衡程度，则有

$$\text{ine}^{\text{IR}} = \text{gini}(x_{ijk}^1, \cdots, x_{ijk}^d, \cdots, x_{ijk}^D; w_1, \cdots, w_d, \cdots, w_D) \qquad （F\text{-}3）$$

式中，d 表示地区；D 为地区总数；x_{ijk}^d 表示地区 d 的真实水平；w_d 表示地区 d 的权重 [①]；$\text{gini}()$ 为基尼系数的计算函数。

类似地，记 $\text{ine}^{\text{U-R}}$ 为城乡不平衡程度，则有

$$\text{ine}^{\text{U-R}} = \text{gini}(x_{ijk}^{\text{U}}, x_{ijk}^{\text{R}}; w_{\text{U}}, w_{\text{R}}) \qquad （F\text{-}4）$$

式中，U 和 R 分别表示城镇和农村地区；w_{U}、w_{R} 分别表示计算过程中城镇和农村的权重 [②]。

（2）平衡调整系数的计算

平衡调整涉及地区与城乡不平衡双重因素。平衡调整系数根据下式计算：

$$\text{adj\_coef} = \left(1 - \text{ine}^{\text{IR}}\right) \times \left(1 - \text{ine}^{\text{U-R}}\right) \qquad （F\text{-}5）$$

如果某个三级指标不属于地区不平衡或城乡不平衡的反映指标，则将不平衡程度 ine^{IR} 或 $\text{ine}^{\text{U-R}}$ 置零。

（3）平衡发展指数的计算

在得到发展指数和平衡调整系数后，进一步计算三级指标的平衡发展指数

---

① 由于地区数据是我国 31 个省份的数据，这种划分单元原则上不是同质的，因此应当考虑进行加权处理。由于指标的设置和指向差异，需分别设置不同的权重信息。比如人均可支配收入和养老床位数这两个指标，前者对地区内所有常住人口是普适的，应采用各地区的常住人口；后者则主要针对老年人口，应以老年人口数加权。所有的地区指标对应着不同的权重信息，详见附录 D。
② 此处城乡指标计算不平衡所采用的权重信息统一设置为各年度城镇和农村的人口数。

（BDI_{ijk}），即经不平衡系数调整后的发展指数（X_{ijk}^{adj}）：

$$\text{BDI}_{ijk} = X_{ijk}^{\text{adj}} = X_{ijk}^{\text{dvpt}} \times \text{adj\_coef}_{ijk} \quad\quad （F\text{-}6）$$

3. 发展损失

发展损失（loss）是指因为发展不平衡带来的发展指数的损失，通过平衡发展指数相对于发展指数的损失程度来计算。发展损失的定义和计算公式为

$$\text{Loss}_{ijk} = 1 - \text{BDI}_{ijk} / X_{ijk}^{\text{dvpt}} = 1 - \text{adj\_coef}_{ijk}$$

$$= \text{ine}_{ijk}^{\text{IR}} + \text{ine}_{ijk}^{\text{U-R}} - \text{ine}_{ijk}^{\text{IR}} \times \text{ine}_{ijk}^{\text{U-R}} \quad\quad （F\text{-}7）$$

计算说明

1. 计算示例

以人均可支配收入为例，2017 年我国的人均可支配收入水平为 25 974 元。这是一个正向指标，并且根据我国人均可支配收入水平、发展历史并参照国际标准，其理想值与不允许值分别设置为 60 000 元和 0 元。按照极差标准化方法，其 2017 年的发展指数为

$$X_{\text{人均可支配收入}}^{\text{dvpt,2017}} = \frac{25\,974 - 0}{60\,000 - 0} \times 100 = 43.29$$

我国人均可支配收入存在地区不平衡和城乡不平衡问题，故需根据 2017 年的地区人均可支配收入和城乡人均可支配收入数据计算不平衡程度和平衡调整系数。在式（F-3）和式（F-4）的基础上，还需要进一步以各地区常住人口数加权计算，才能真实反映地区差异程度。

根据基尼系数的定义，计算可得人均可支配收入的地区不平衡程度（ine^{IR}）为 0.1614，城乡不平衡程度（$\text{ine}^{\text{U-R}}$）为 0.2075。

于是，人均可支配收入的平衡调整系数为

$$\text{adj\_coef}_{\text{人均可支配收入}} = (1-0.1614) \times (1-0.2075) = 0.6646$$

根据式（F-6），人均可支配收入的平衡发展指数为

$$\text{BDI}_{\text{人均可支配收入}} = x^{\text{adj}}_{\text{人均可支配收入}} = 43.29 \times 0.6646 = 28.77$$

根据式（F-7），其发展损失为

$$\text{Loss}_{\text{人均可支配收入}} = \frac{43.29 - 28.77}{43.29} \times 100\% = 33.54\%$$

2. 不平衡程度的划分标准

对于所有的正值发展指标，基尼系数方法测度的不平衡程度结果介于 0 和 1 之间。为了便于对比和分析，可以考虑将取值范围作区段划分。对于收入分配基尼系数，国际上已经有一套通行的划分标准来界定不同程度的不平等。考虑到此处计算所采用的数据并非微观数据，同样的指标其基尼系数结果理论上应小于基于微观数据的基尼系数结果。因此，在对各个地区和城乡指标进行基尼系数计算的基础上，我们按如下区段划分地区和城乡不平衡程度：

（1）0.1 以下表示指数等级较低（轻度不平衡）；

（2）0.1～0.15 表示指数等级中等（中度不平衡）；

（3）0.15～0.2 表示指数等级中等偏高（中高度不平衡）；

（4）0.2～0.3 表示指数等级较高（高度不平衡）；

（5）0.3 以上表示指数等级极高（极不平衡）。

4. 指数汇总计算

平衡发展指数的汇总计算，需要考虑汇总公式和权重两个方面的问题。

首先，指数的汇总公式一般采用算术平均或几何平均，但在多层级汇总过程中算术平均的含义相对直观，故最终选用算术平均公式汇总。

其次，权重的设定是指数汇总过程中的重要环节，但不同学者对不同领域不同方面的相对重要性的认识不一致，且不同方法、不同出发点的结果往往不同，经多轮意见征求和专家建议，最终采用等权重方案[①]，每个一级指标分别赋权为25%。

因此，在逐级汇总过程中，都采用简单算术平均计算。具体地，平衡发展指数的计算步骤如下。

（1）计算二级平衡发展指数

采用简单算术平均的方式，将三级平衡发展指数汇总为二级平衡发展指数：

$$\mathrm{BDI}_{ij} = \sum_{k=1}^{L_{ij}} \mathrm{BDI}_{ijk} / L_{ij} \tag{F-8}$$

式中，L_{ij} 为该二级指标所包含的三级指标个数。

相比于二级发展指数 $\left(X_{ij}^{\mathrm{dvpt}} = \sum_{k=1}^{L_{ij}} X_{ijk}^{\mathrm{dvpt}} / L_{ij} \right)$，由于不平衡调整造成的损失为

$$\mathrm{Loss}_{ij} = 1 - \frac{\mathrm{BDI}_{ij}}{X_{ij}^{\mathrm{dvpt}}} = 1 - \mathrm{BDI}_{ij} / \left(\sum_{k=1}^{L_{ij}} X_{ijk}^{\mathrm{dvpt}} / L_{ij} \right) \tag{F-9}$$

（2）计算一级平衡发展指数

采用简单算术平均的方式，将二级平衡发展指标汇总为一级平衡发展指数：

$$\mathrm{BDI}_i = \sum_j \mathrm{BDI}_{ij} / L_i \tag{F-10}$$

式中，L_i 为该一级指标包含的二级指标个数。

这里，相比于一级发展指数（$X_i^{\mathrm{dvpt}} = \sum_j X_{ij}^{\mathrm{dvpt}} / L_i$），由于不平衡调整造成的损失为

---

① 尽管等权重方案淡化了一级指标之间的相对重要性，但这不失为一种直观且适中的处理方法。为了说明这种权重方案下平衡发展指数结果的适用性和稳健性，我们特地在附录 D 中进一步给出不同权重方案下的平衡发展指数。结果表明，在合理的权重结构下指数计算结果比较稳健。

$$\text{Loss}_i = 1 - \frac{\text{BDI}_i}{X_i^{\text{dvpt}}} = 1 - \text{BDI}_i / \left(\sum_j X_{ij}^{\text{dvpt}} / L_i \right) \quad （\text{F-11}）$$

（3）计算平衡发展总指数

采用简单算术平均的方式，将一级平衡发展指标汇总为总平衡发展指数：

$$\text{BDI} = \sum_{i=1}^{L} \text{BDI}_i / L \quad （\text{F-12}）$$

式中，L（=4）为一级指标总个数，从而每个一级指标分别赋权为 25%。

相比于总发展指数（$X^{\text{dvpt}} = \sum_{i=1}^{L} X_i^{\text{dvpt}} / L$），由于不平衡调整造成的损失为

$$\text{Loss} = 1 - \frac{\text{BDI}}{X^{\text{dvpt}}} = 1 - \text{BDI} / \left(\sum_{i=1}^{L} X_i^{\text{dvpt}} / L \right) \quad （\text{F-13}）$$

附录 G 2015—2020 年平衡发展指数测算结果

2015 年平衡发展指数测算结果见表 G-1。

表 G-1 2015 年平衡发展指数测算结果

项 目	BDI	x^{dvpt}	Loss	ine^{IR}	ine^{U-R}
总指数	51.65	59.54	0.13	0.20	0.23
1 经济	49.29	56.60	0.13	0.20	0.16
1.1 经济效益	42.58	52.22	0.18	0.18	—
1.1.1 人均 GDP	47.55	58.94	0.19	0.19	—
1.1.2 能源产出率	48.63	60.10	0.19	0.19	—
1.1.3 资本产出率	31.56	37.62	0.16	0.16	—
1.2 经济结构	56.43	56.43	0	—	—
1.2.1 居民消费率	62.96	62.96	0	—	—
1.2.2 服务贸易占对外贸易比重	49.90	49.90	0	—	—
1.3 创新驱动	40.08	51.69	0.22	0.39	—
1.3.1 数字经济增加值占比	53.00	53.00	0	—	—
1.3.2 R&D 经费投入强度	50.92	68.55	0.26	0.26	—
1.3.3 万人发明专利拥有量	16.31	33.53	0.51	0.51	—
1.4 基础设施	37.16	50.20	0.26	0.21	0.16
1.4.1 互联网普及率	34.50	46.62	0.26	0.12	0.16
1.4.2 铁路密度	37.15	50.67	0.27	0.27	—
1.4.3 城市交通承载力	39.82	53.30	0.25	0.25	—
1.5 人力资本	70.20	72.47	0.03	0.03	—
1.5.1 劳动年龄人口占比	80.56	82.53	0.02	0.02	—
1.5.2 劳动年龄人口平均受教育年限	59.83	62.42	0.04	0.04	—
2 社会	47.44	55.26	0.14	0.22	0.33
2.1 社会文明	22.45	31.34	0.28	0.29	—
2.1.1 人均接受图书馆服务次数	14.36	21.29	0.33	0.33	—
2.1.2 人均文化事业费	30.54	41.40	0.26	0.26	—
2.2 社会公平	63.04	63.04	0	—	—
2.2.1 居民人均收入基尼系数	53.80	53.80	0	—	—
2.2.2 劳动就业中的性别差异	72.27	72.27	0	—	—

项　　目	BDI	x^{dvpt}	Loss	ine^{IR}	ine^{U-R}
2.3 社会安全	72.95	82.63	0.12	0.22	—
2.3.1 亿元 GDP 生产安全事故死亡人数	67.65	87.00	0.22	0.22	—
2.3.2 刑事犯罪率	78.25	78.25	0	—	—
2.4 社会治理	23.87	29.91	0.20	0.22	—
2.4.1 每十万人社会组织数量	35.24	43.14	0.18	0.18	—
2.4.2 每十万人拥有律师数	12.51	16.68	0.25	0.25	—
2.5 社会保障	54.88	69.39	0.21	0.17	0.33
2.5.1 养老金替代率	42.71	75.87	0.44	0.16	0.33
2.5.2 养老保险覆盖率	58.26	78.97	0.26	0.26	—
2.5.3 医疗自付比	47.05	51.22	0.08	0.08	—
2.5.4 贫困发生率	71.50	71.50	0	—	—
3 生态	55.12	64.34	0.14	0.25	—
3.1 空气质量	51.98	65.80	0.21	0.24	—
3.1.1 空气质量指数优良率	36.82	50.12	0.27	0.27	—
3.1.2 细颗粒物（PM2.5）浓度未达标率	37.05	56.90	0.35	0.35	—
3.1.3 臭氧浓度	82.08	90.38	0.09	0.09	—
3.2 水质量	74.20	74.20	0	0	—
3.2.1 地表水劣于 V 类水体比例	—	—	—	—	—
3.2.2 河流水质状况Ⅲ类以上占比	74.20	74.20	0	—	—
3.3 土壤质量	50.07	74.17	0.32	0.33	—
3.3.1 单位耕地面积化肥施用量	56.33	77.69	0.27	0.27	—
3.3.2 单位耕地面积农药使用量	43.81	70.65	0.38	0.38	—
3.4 环境治理	38.47	46.65	0.18	0.18	—
3.4.1 一般工业固体废物综合利用率	50.62	60.78	0.17	0.17	—
3.4.2 城市日均污水处理能力	26.33	32.52	0.19	0.19	—
3.5 生态保护	60.87	60.87	0	—	—
3.5.1 生态质量优良县域面积占国土面积比重	44.90	44.90	0	—	—
3.5.2 造林面积	76.84	76.84	0	—	—
4 民生	54.77	61.98	0.12	0.12	0.19
4.1 收入	25.57	37.95	0.33	0.16	0.20
4.1.1 居民人均可支配收入	24.14	36.61	0.34	0.16	0.21
4.1.2 居民人均消费支出	26.99	39.28	0.31	0.16	0.18

续表

项　　目	BDI	x^{dvpt}	Loss	ine^{IR}	ine^{U-R}
4.2 就业	78.06	81.93	0.05	0.11	—
4.2.1 求人倍率	91.55	91.55	0	—	—
4.2.2 调查失业率	0	0	0	—	—
4.2.3 就业参与率	64.57	72.32	0.11	0.11	—
4.3 居住	52.85	58.96	0.10	0.10	—
4.3.1 城镇人均住房建筑面积	47.18	51.62	0.09	0.09	—
4.3.2 房价收入比	59.75	68.55	0.13	0.13	—
4.3.3 农村居住便利设施普及率	51.63	56.72	0.09	0.09	—
4.4 教育	54.05	57.47	0.06	0.12	—
4.4.1 高中毛入学率	87.00	87.00	0	—	—
4.4.2 高中及以下阶段生师比	36.26	38.75	0.06	0.06	—
4.4.3 高中及以下阶段生均公共财政预算公用经费支出	38.87	46.66	0.17	0.17	—
4.5 医疗健康	63.30	73.57	0.14	0.13	0.19
4.5.1 婴儿死亡率	69.01	83.80	0.18	—	0.18
4.5.2 每千人口卫生技术人员数	35.81	48.67	0.26	0.07	0.21
4.5.3 出生时预期寿命	86.04	86.04	0	—	—
4.5.4 每千老年人口养老床位数	62.34	75.78	0.18	0.18	—

　　注：BDI 为平衡发展指数，x^{dvpt} 为发展指数，Loss 为发展损失，ine^{IR} 为地区不平衡程度，ine^{U-R} 为城乡不平衡程度，下同。

表 G-2　2016 年平衡发展指数测算结果

项　　目	BDI	x^{dvpt}	Loss	ine^{IR}	ine^{U-R}
总指数	52.89	61.03	0.13	0.20	0.23
1 经济	50.77	58.40	0.13	0.20	0.16
1.1 经济效益	44.33	54.17	0.18	0.18	—
1.1.1 人均 GDP	50.56	62.54	0.19	0.19	—
1.1.2 能源产出率	51.54	63.11	0.18	0.18	—
1.1.3 资本产出率	30.88	36.87	0.16	0.16	—
1.2 经济结构	58.39	58.39	0	—	—
1.2.1 居民消费率	64.46	64.46	0	—	—
1.2.2 服务贸易占对外贸易比重	52.33	52.33	0	—	—
1.3 创新驱动	42.56	55.59	0.23	0.38	—

项　　目	BDI	x^{dvpt}	Loss	ine^{IR}	ine^{U-R}
1.3.1 数字经济增加值占比	54.90	54.90	0	—	—
1.3.2 R&D 经费投入强度	52.21	70.00	0.25	0.25	—
1.3.3 万人发明专利拥有量	20.58	41.88	0.51	0.51	—
1.4 基础设施	38.72	51.80	0.25	0.20	0.16
1.4.1 互联网普及率	38.79	51.08	0.24	0.10	0.16
1.4.2 铁路密度	39.24	52.80	0.26	0.26	—
1.4.3 城市交通承载力	38.12	51.52	0.26	0.26	—
1.5 人力资本	69.86	72.04	0.03	0.03	—
1.5.1 劳动年龄人口占比	79.46	81.25	0.02	0.02	—
1.5.2 劳动年龄人口平均受教育年限	60.26	62.82	0.04	0.04	—
2 社会	49.28	57.48	0.14	0.22	0.33
2.1 社会文明	25.04	35.08	0.29	0.29	—
2.1.1 人均接受图书馆服务次数	16.13	23.71	0.32	0.32	—
2.1.2 人均文化事业费	33.94	46.45	0.27	0.27	—
2.2 社会公平	63.19	63.19	0	—	—
2.2.1 居民人均收入基尼系数	53.50	53.50	0	—	—
2.2.2 劳动就业中的性别差异	72.87	72.87	0	—	—
2.3 社会安全	74.95	84.52	0.11	0.22	—
2.3.1 亿元 GDP 生产安全事故死亡人数	69.28	88.40	0.22	0.22	—
2.3.2 刑事犯罪率	80.63	80.63	0	—	—
2.4 社会治理	25.28	31.80	0.20	0.22	—
2.4.1 每十万人社会组织数量	36.80	45.45	0.19	0.19	—
2.4.2 每十万人拥有律师数	13.76	18.15	0.24	0.24	—
2.5 社会保障	57.93	72.81	0.20	0.16	0.33
2.5.1 养老金替代率	44.01	80.37	0.45	0.18	0.33
2.5.2 养老保险覆盖率	62.52	81.33	0.23	0.23	—
2.5.3 医疗自付比	47.70	52.03	0.08	0.08	—
2.5.4 贫困发生率	77.50	77.50	0	—	—
3 生态	55.50	64.82	0.14	0.24	—
3.1 空气质量	55.76	70.08	0.20	0.22	—
3.1.1 空气质量指数优良率	42.27	55.15	0.23	0.23	—
3.1.2 细颗粒物（PM2.5）浓度未达标率	42.57	64.83	0.34	0.34	—

项 目	BDI	x^{dvpt}	Loss	ine^{IR}	$\text{ine}^{\text{U-R}}$
3.1.3 臭氧浓度	82.45	90.25	0.09	0.09	—
3.2 水质量	76.90	76.90	0	0	—
3.2.1 地表水劣于 V 类水体比例	—	—	—	—	—
3.2.2 河流水质状况 III 类以上占比	76.90	76.90	0	—	—
3.3 土壤质量	50.41	74.58	0.32	0.33	—
3.3.1 单位耕地面积化肥施用量	56.40	77.82	0.28	0.28	—
3.3.2 单位耕地面积农药使用量	44.41	71.33	0.38	0.38	—
3.4 环境治理	37.44	45.55	0.18	0.18	—
3.4.1 一般工业固体废物综合利用率	47.37	56.84	0.17	0.17	—
3.4.2 城市日均污水处理能力	27.50	34.25	0.20	0.20	—
3.5 生态保护	57.02	57.02	0	—	—
3.5.1 生态质量优良县域面积占国土面积比重	42.00	42.00	0	—	—
3.5.2 造林面积	72.04	72.04	0	—	—
4 民生	55.99	63.40	0.12	0.12	0.19
4.1 收入	28.04	41.24	0.32	0.16	0.19
4.1.1 居民人均可支配收入	26.38	39.70	0.34	0.16	0.21
4.1.2 居民人均消费支出	29.69	42.78	0.31	0.16	0.18
4.2 就业	78.27	82.30	0.05	0.11	—
4.2.1 求人倍率	91.99	91.99	0	—	—
4.2.2 调查失业率	0	0	0	—	—
4.2.3 就业参与率	64.56	72.62	0.11	0.11	—
4.3 居住	52.77	58.92	0.10	0.10	—
4.3.1 城镇人均住房建筑面积	49.27	53.20	0.07	0.07	—
4.3.2 房价收入比	55.81	65.50	0.15	0.15	—
4.3.3 农村居住便利设施普及率	53.22	58.07	0.08	0.08	—
4.4 教育	55.66	59.16	0.06	0.11	—
4.4.1 高中毛入学率	87.50	87.50	0	—	—
4.4.2 高中及以下阶段生师比	37.06	39.60	0.06	0.06	—
4.4.3 高中及以下阶段生均公共财政预算公用经费支出	42.42	50.37	0.16	0.16	—
4.5 医疗健康	65.21	75.38	0.13	0.11	0.19
4.5.1 婴儿死亡率	69.00	85.00	0.19	—	0.19

项　　目	BDI	x^{dvpt}	Loss	ine^{IR}	ine^{U-R}
4.5.2 每千人口卫生技术人员数	37.96	51.00	0.26	0.07	0.20
4.5.3 出生时预期寿命	86.48	86.48	0	—	—
4.5.4 每千老年人口养老床位数	67.41	79.05	0.15	0.15	—

2017 年平衡发展指数测算结果见表 G-3。

表 G-3　2017 年平衡发展指数测算结果

项　　目	BDI	x^{dvpt}	Loss	ine^{IR}	ine^{U-R}
总指数	53.98	62.44	0.14	0.20	0.22
1 经济	51.40	59.46	0.14	0.20	0.15
1.1 经济效益	46.12	56.13	0.18	0.18	—
1.1.1 人均 GDP	53.88	66.48	0.19	0.19	—
1.1.2 能源产出率	53.89	65.34	0.18	0.18	—
1.1.3 资本产出率	30.58	36.58	0.16	0.16	—
1.2 经济结构	56.72	56.72	0	—	—
1.2.1 居民消费率	64.24	64.24	0	—	—
1.2.2 服务贸易占对外贸易比重	49.20	49.20	0	—	—
1.3 创新驱动	45.47	59.71	0.24	0.37	—
1.3.1 数字经济增加值占比	57.60	57.60	0	—	—
1.3.2 R&D 经费投入强度	53.60	70.67	0.24	0.24	—
1.3.3 万人发明专利拥有量	25.21	50.86	0.50	0.50	—
1.4 基础设施	39.52	53.36	0.26	0.22	0.15
1.4.1 互联网普及率	41.93	55.08	0.24	0.10	0.15
1.4.2 铁路密度	40.66	54.80	0.26	0.26	—
1.4.3 城市交通承载力	35.98	50.22	0.28	0.28	—
1.5 人力资本	69.18	71.38	0.03	0.03	—
1.5.1 劳动年龄人口占比	77.64	79.50	0.02	0.02	—
1.5.2 劳动年龄人口平均受教育年限	60.72	63.26	0.04	0.04	—
2 社会	51.32	60.03	0.15	0.22	0.32
2.1 社会文明	28.26	38.95	0.27	0.28	—
2.1.1 人均接受图书馆服务次数	18.56	26.59	0.30	0.30	—
2.1.2 人均文化事业费	37.95	51.31	0.26	0.26	—

项　　目	BDI	x^{dvpt}	Loss	ine^{IR}	$ine^{U\text{-}R}$
2.2 社会公平	63.75	63.75	0	—	—
2.2.1 居民人均收入基尼系数	53.30	53.30	0	—	—
2.2.2 劳动就业中的性别差异	74.19	74.19	0	—	—
2.3 社会安全	76.09	87.21	0.13	0.24	—
2.3.1 亿元 GDP 生产安全事故死亡人数	68.61	90.85	0.24	0.24	—
2.3.2 刑事犯罪率	83.57	83.57	0	—	—
2.4 社会治理	27.29	34.34	0.21	0.22	—
2.4.1 每十万人社会组织数量	39.79	48.91	0.19	0.19	—
2.4.2 每十万人拥有律师数	14.80	19.77	0.25	0.25	—
2.5 社会保障	61.21	75.91	0.19	0.15	0.32
2.5.1 养老金替代率	47.07	83.51	0.44	0.17	0.32
2.5.2 养老保险覆盖率	65.03	83.58	0.22	0.22	—
2.5.3 医疗自付比	48.23	52.05	0.07	0.07	—
2.5.4 贫困发生率	84.50	84.50	0	—	—
3 生态	56.55	66.03	0.14	0.24	—
3.1 空气质量	57.58	71.94	0.20	0.21	—
3.1.1 空气质量指数优良率	43.28	55.77	0.22	0.22	—
3.1.2 细颗粒物（PM2.5）浓度未达标率	47.00	70.57	0.33	0.33	—
3.1.3 臭氧浓度	82.47	89.50	0.08	0.08	—
3.2 水质量	78.50	78.50	0	0	—
3.2.1 地表水劣于 V 类水体比例	—	—	—	—	—
3.2.2 河流水质状况 Ⅲ 类以上占比	78.50	78.50	0	—	—
3.3 土壤质量	51.15	75.51	0.32	0.32	—
3.3.1 单位耕地面积化肥施用量	56.61	78.28	0.28	0.28	—
3.3.2 单位耕地面积农药使用量	45.69	72.73	0.37	0.37	—
3.4 环境治理	35.42	44.11	0.20	0.20	—
3.4.1 一般工业固体废物综合利用率	42.67	53.31	0.20	0.20	—
3.4.2 城市日均污水处理能力	28.17	34.91	0.19	0.19	—
3.5 生态保护	60.08	60.08	0	—	—
3.5.1 生态质量优良县域面积占国土面积比重	43.35	43.35	0	—	—
3.5.2 造林面积	76.81	76.81	0	—	—
4 民生	56.66	64.23	0.12	0.12	0.18

项　目	BDI	x^{dvpt}	Loss	ine^{IR}	ine^{U-R}
4.1 收入	30.62	44.55	0.31	0.16	0.19
4.1.1 居民人均可支配收入	28.98	43.29	0.33	0.16	0.20
4.1.2 居民人均消费支出	32.26	45.81	0.30	0.15	0.17
4.2 就业	75.39	79.94	0.06	0.12	—
4.2.1 求人倍率	86.64	86.64	0	—	—
4.2.2 调查失业率	0	0	0	—	—
4.2.3 就业参与率	64.14	73.25	0.12	0.12	—
4.3 居住	53.51	59.74	0.10	0.10	
4.3.1 城镇人均住房建筑面积	49.63	53.80	0.08	0.08	
4.3.2 房价收入比	56.98	66.66	0.15	0.15	
4.3.3 农村居住便利设施普及率	53.90	58.76	0.08	0.08	
4.4 教育	57.16	60.76	0.06	0.11	
4.4.1 高中毛入学率	88.30	88.30	0	—	—
4.4.2 高中及以下阶段生师比	38.21	40.74	0.06	0.06	
4.4.3 高中及以下阶段生均公共财政预算公用经费支出	44.97	53.25	0.16	0.16	
4.5 医疗健康	66.61	76.14	0.13	0.11	0.18
4.5.1 婴儿死亡率	72.59	86.46	0.16	—	0.16
4.5.2 每千人口卫生技术人员数	40.57	53.92	0.25	0.07	0.19
4.5.3 出生时预期寿命	86.88	86.88	0	—	—
4.5.4 每千老年人口养老床位数	66.39	77.30	0.14	0.14	—

2018 年平衡发展指数测算结果见表 G-4。

表 G-4　2018 年平衡发展指数测算结果

项　目	BDI	x^{dvpt}	Loss	ine^{IR}	ine^{U-R}
总指数	54.46	63.10	0.14	0.19	0.21
1 经济	52.59	61.06	0.14	0.20	0.14
1.1 经济效益	47.82	58.09	0.18	0.18	—
1.1.1 人均 GDP	57.45	70.67	0.19	0.19	—
1.1.2 能源产出率	55.95	67.34	0.17	0.17	—
1.1.3 资本产出率	30.05	36.26	0.17	0.17	—
1.2 经济结构	56.37	56.37	0	—	—

续表

项 目	BDI	x^{dvpt}	Loss	ine^{IR}	ine^{U-R}
1.2.1 居民消费率	64.20	64.20	0	—	—
1.2.2 服务贸易占对外贸易比重	48.54	48.54	0	—	—
1.3 创新驱动	48.08	63.90	0.25	0.37	—
1.3.1 数字经济增加值占比	60.80	60.80	0	—	—
1.3.2 R&D 经费投入强度	53.99	71.33	0.24	0.24	—
1.3.3 万人发明专利拥有量	29.45	59.56	0.51	0.51	—
1.4 基础设施	42.12	56.10	0.25	0.21	0.14
1.4.1 互联网普及率	47.38	60.92	0.22	0.10	0.14
1.4.2 铁路密度	42.64	57.33	0.26	0.26	—
1.4.3 城市交通承载力	36.34	50.04	0.27	0.27	—
1.5 人力资本	68.54	70.83	0.03	0.03	—
1.5.1 劳动年龄人口占比	75.93	78.00	0.03	0.03	—
1.5.2 劳动年龄人口平均受教育年限	61.14	63.67	0.04	0.04	—
2 社会	53.56	62.36	0.14	0.21	0.31
2.1 社会文明	30.64	42.31	0.28	0.28	—
2.1.1 人均接受图书馆服务次数	20.57	29.18	0.30	0.30	—
2.1.2 人均文化事业费	40.71	55.44	0.27	0.27	—
2.2 社会公平	63.90	63.90	0	—	—
2.2.1 居民人均收入基尼系数	53.20	53.20	0	—	—
2.2.2 劳动就业中的性别差异	74.59	74.59	0	—	—
2.3 社会安全	77.03	88.63	0.13	0.25	—
2.3.1 亿元 GDP 生产安全事故死亡人数	69.20	92.40	0.25	0.25	—
2.3.2 刑事犯罪率	84.86	84.86	0	—	—
2.4 社会治理	30.62	37.80	0.19	0.20	—
2.4.1 每十万人社会组织数量	43.07	52.26	0.18	0.18	—
2.4.2 每十万人拥有律师数	18.16	23.34	0.22	0.22	—
2.5 社会保障	65.63	79.14	0.17	0.13	0.31
2.5.1 养老金替代率	52.08	86.89	0.40	0.13	0.31
2.5.2 养老保险覆盖率	70.56	85.84	0.18	0.18	—
2.5.3 医疗自付比	48.38	52.32	0.08	0.08	—
2.5.4 贫困发生率	91.50	91.50	0	—	—
3 生态	57.84	67.82	0.15	0.25	—

项　　目	BDI	x^{dvpt}	Loss	ine^{IR}	ine^{U-R}
3.1 空气质量	60.84	76.72	0.21	0.21	—
3.1.1 空气质量指数优良率	51.67	62.98	0.18	0.18	—
3.1.2 细颗粒物（PM2.5）浓度未达标率	48.53	77.92	0.38	0.38	—
3.1.3 臭氧浓度	82.30	89.25	0.08	0.08	—
3.2 水质量	81.60	81.60	0	0	—
3.2.1 地表水劣于Ⅴ类水体比例	—	—	—	—	—
3.2.2 河流水质状况Ⅲ类以上占比	81.60	81.60	0	0	—
3.3 土壤质量	52.11	77.14	0.32	0.33	—
3.3.1 单位耕地面积化肥施用量	57.32	79.04	0.27	0.27	—
3.3.2 单位耕地面积农药使用量	46.90	75.23	0.38	0.38	—
3.4 环境治理	35.79	44.78	0.20	0.20	—
3.4.1 一般工业固体废物综合利用率	42.27	53.18	0.21	0.21	—
3.4.2 城市日均污水处理能力	29.31	36.38	0.19	0.19	—
3.5 生态保护	58.85	58.85	0	—	—
3.5.1 生态质量优良县域面积占国土面积比重	44.70	44.70	0	—	—
3.5.2 造林面积	72.99	72.99	0	—	—
4 民生	53.85	61.15	0.12	0.12	0.18
4.1 收入	33.68	48.34	0.30	0.15	0.18
4.1.1 居民人均可支配收入	31.75	47.05	0.33	0.16	0.20
4.1.2 居民人均消费支出	35.62	49.63	0.28	0.15	0.16
4.2 就业	58.17	61.24	0.05	0.12	—
4.2.1 求人倍率	80.33	80.33	0	—	—
4.2.2 调查失业率	29.52	29.52	0	—	—
4.2.3 就业参与率	64.67	73.88	0.12	0.12	—
4.3 居住	54.15	59.84	0.10	0.09	—
4.3.1 城镇人均住房建筑面积	54.33	58.00	0.06	0.06	—
4.3.2 房价收入比	52.69	61.00	0.14	0.14	—
4.3.3 农村居住便利设施普及率	55.42	60.51	0.08	0.08	—
4.4 教育	56.98	60.14	0.05	0.10	—
4.4.1 高中毛入学率	88.80	88.80	0	—	—
4.4.2 高中及以下阶段生师比	36.01	38.12	0.06	0.06	—
4.4.3 高中及以下阶段生均公共财政预算公用经费支出	46.14	53.49	0.14	0.14	—

项 目	BDI	x^{dvpt}	Loss	ine^{IR}	ine$^{\text{U-R}}$
4.5 医疗健康	66.28	76.21	0.13	0.11	0.17
4.5.1 婴儿死亡率	72.49	87.80	0.17	—	0.17
4.5.2 每千人口卫生技术人员数	43.70	56.92	0.23	0.07	0.18
4.5.3 出生时预期寿命	87.24	87.24	0	—	—
4.5.4 每千老年人口养老床位数	61.70	72.88	0.15	0.15	—

2019 年平衡发展指数测算结果见表 G-5。

表 G-5 2019 年平衡发展指数测算结果

项 目	BDI	x^{dvpt}	Loss	ine^{IR}	ine$^{\text{U-R}}$
总指数	55.81	64.89	0.14	0.20	0.19
1 经济	54.52	63.44	0.14	0.20	0.10
1.1 经济效益	49.52	60.01	0.17	0.17	—
1.1.1 人均 GDP	60.87	74.66	0.18	0.18	—
1.1.2 能源产出率	57.60	69.17	0.17	0.17	—
1.1.3 资本产出率	30.08	36.21	0.17	0.17	—
1.2 经济结构	57.07	57.07	0	—	—
1.2.1 居民消费率	65.41	65.41	0	—	—
1.2.2 服务贸易占对外贸易比重	48.72	48.72	0	—	—
1.3 创新驱动	51.87	69.22	0.25	0.37	—
1.3.1 数字经济增加值占比	64.70	64.70	0	—	—
1.3.2 R&D 经费投入强度	56.65	74.67	0.24	0.24	—
1.3.3 万人发明专利拥有量	34.25	68.30	0.50	0.50	—
1.4 基础设施	46.08	60.55	0.24	0.21	0.10
1.4.1 互联网普及率	55.10	68.46	0.20	0.10	0.10
1.4.2 铁路密度	47.47	63.67	0.25	0.25	—
1.4.3 城市交通承载力	35.67	49.52	0.28	0.28	—
1.5 人力资本	68.05	70.36	0.03	0.03	—
1.5.1 劳动年龄人口占比	74.53	76.62	0.03	0.03	—
1.5.2 劳动年龄人口平均受教育年限	61.58	64.09	0.04	0.04	—
2 社会	55.34	64.76	0.15	0.22	0.30
2.1 社会文明	34.26	47.68	0.28	0.29	—

项　　目	BDI	x^{dvpt}	Loss	ine^{IR}	ine^{U-R}
2.1.1 人均接受图书馆服务次数	22.30	31.96	0.30	0.30	—
2.1.2 人均文化事业费	46.22	63.39	0.27	0.27	—
2.2 社会公平	65.01	65.01	0	—	—
2.2.1 居民人均收入基尼系数	53.50	53.50	0	—	—
2.2.2 劳动就业中的性别差异	76.51	76.51	0	—	—
2.3 社会安全	77.18	89.76	0.14	0.27	—
2.3.1 亿元 GDP 生产安全事故死亡人数	68.83	94.00	0.27	0.27	—
2.3.2 刑事犯罪率	85.53	85.53	0	—	—
2.4 社会治理	32.64	40.51	0.19	0.20	—
2.4.1 每十万人社会组织数量	45.31	55.10	0.18	0.18	—
2.4.2 每十万人拥有律师数	19.97	25.92	0.23	0.23	—
2.5 社会保障	67.64	80.86	0.16	0.13	0.30
2.5.1 养老金替代率	50.94	85.85	0.41	0.15	0.30
2.5.2 养老保险覆盖率	73.68	87.87	0.16	0.16	—
2.5.3 医疗自付比	48.94	52.73	0.07	0.07	—
2.5.4 贫困发生率	97.00	97.00	0	—	—
3 生态	58.17	68.82	0.15	0.25	—
3.1 空气质量	62.30	78.98	0.21	0.21	—
3.1.1 空气质量指数优良率	55.32	66.12	0.16	0.16	—
3.1.2 细颗粒物（PM2.5）浓度未达标率	49.70	81.20	0.39	0.39	—
3.1.3 臭氧浓度	81.88	89.63	0.09	0.09	—
3.2 水质量	84.10	84.10	0	0	—
3.2.1 地表水劣于 V 类水体比例	—	—	—	—	—
3.2.2 河流水质状况Ⅲ类以上占比	84.10	84.10	0	—	—
3.3 土壤质量	48.87	77.34	0.37	0.37	—
3.3.1 单位耕地面积化肥施用量	53.83	78.87	0.32	0.32	—
3.3.2 单位耕地面积农药使用量	43.91	75.81	0.42	0.42	—
3.4 环境治理	36.26	44.39	0.18	0.18	—
3.4.1 一般工业固体废物综合利用率	42.67	52.65	0.19	0.19	—
3.4.2 城市日均污水处理能力	29.84	36.13	0.17	0.17	—
3.5 生态保护	59.30	59.30	0	—	—
3.5.1 生态质量优良县域面积占国土面积比重	44.70	44.70	0	—	—

续表

项 目	BDI	x^{dvpt}	Loss	ine^{IR}	ine^{U-R}
3.5.2 造林面积	73.90	73.90	0	—	—
4 民生	55.21	62.53	0.12	0.11	0.17
4.1 收入	36.97	52.56	0.30	0.15	0.17
4.1.1 居民人均可支配收入	34.90	51.22	0.32	0.16	0.19
4.1.2 居民人均消费支出	39.03	53.90	0.28	0.15	0.15
4.2 就业	57.09	60.12	0.05	0.12	—
4.2.1 求人倍率	79.59	79.59	0	—	—
4.2.2 调查失业率	26.43	26.43	0	—	—
4.2.3 就业参与率	65.24	74.35	0.12	0.12	—
4.3 居住	55.57	60.62	0.08	0.08	—
4.3.1 城镇人均住房建筑面积	57.50	59.60	0.04	0.04	—
4.3.2 房价收入比	52.29	60.44	0.13	0.13	—
4.3.3 农村居住便利设施普及率	56.93	61.84	0.08	0.08	—
4.4 教育	57.78	61.06	0.05	0.10	—
4.4.1 高中毛入学率	89.50	89.50	0	—	—
4.4.2 高中及以下阶段生师比	36.43	38.52	0.05	0.05	—
4.4.3 高中及以下阶段生均公共财政预算公用经费支出	47.40	55.17	0.14	0.14	—
4.5 医疗健康	68.64	78.28	0.12	0.10	0.16
4.5.1 婴儿死亡率	74.33	88.80	0.16	—	0.16
4.5.2 每千人口卫生技术人员数	47.30	60.50	0.22	0.07	0.16
4.5.3 出生时预期寿命	87.56	87.56	0	—	—
4.5.4 每千老年人口养老床位数	65.36	76.25	0.14	0.14	—

2020 年平衡发展指数测算结果见表 G-6。

表 G-6　2020 年平衡发展指数测算结果

项 目	BDI	x^{dvpt}	Loss	ine^{IR}	ine^{U-R}
总指数	56.55	65.37	0.13	0.20	0.17
1 经济	54.81	64.25	0.15	0.20	0.08
1.1 经济效益	50.13	60.91	0.18	0.18	—
1.1.1 人均 GDP	62.22	76.28	0.18	0.18	—
1.1.2 能源产出率	60.28	72.39	0.17	0.17	—

续表

项　目	BDI	x^dvpt	Loss	ine^IR	ine^U-R
1.1.3 资本产出率	27.88	34.06	0.18	0.18	—
1.2 经济结构	51.97	51.97	0	—	—
1.2.1 居民消费率	63.67	63.67	0	—	—
1.2.2 服务贸易占对外贸易比重	40.28	40.28	0	—	—
1.3 创新驱动	57.01	76.70	0.26	0.37	—
1.3.1 数字经济增加值占比	69.40	69.40	0	—	—
1.3.2 R&D 经费投入强度	61.22	80.00	0.23	0.23	—
1.3.3 万人发明专利拥有量	40.40	80.70	0.50	0.50	—
1.4 基础设施	49.27	63.81	0.23	0.21	0.08
1.4.1 互联网普及率	64.27	77.54	0.17	0.10	0.08
1.4.2 铁路密度	51.05	68.20	0.25	0.25	—
1.4.3 城市交通承载力	32.48	45.68	0.29	0.29	—
1.5 人力资本	65.65	67.86	0.03	0.03	—
1.5.1 劳动年龄人口占比	69.33	71.25	0.03	0.03	—
1.5.2 劳动年龄人口平均受教育年限	61.98	64.48	0.04	0.04	—
2 社会	55.70	64.66	0.14	0.22	0.29
2.1 社会文明	30.43	41.62	0.27	0.30	—
2.1.1 人均接受图书馆服务次数	12.36	19.00	0.35	0.35	—
2.1.2 人均文化事业费	48.50	64.23	0.24	0.24	—
2.2 社会公平	66.39	66.39	0	—	—
2.2.1 居民人均收入基尼系数	53.20	53.20	0	—	—
2.2.2 劳动就业中的性别差异	79.57	79.57	0	—	—
2.3 社会安全	76.91	90.25	0.15	0.28	—
2.3.1 亿元 GDP 生产安全事故死亡人数	67.93	94.60	0.28	0.28	—
2.3.2 刑事犯罪率	85.89	85.89	0	—	—
2.4 社会治理	34.78	42.50	0.18	0.19	—
2.4.1 每十万人社会组织数量	47.57	56.54	0.16	0.16	—
2.4.2 每十万人拥有律师数	21.98	28.46	0.23	0.23	—
2.5 社会保障	70.01	82.57	0.15	0.12	0.29
2.5.1 养老金替代率	50.70	84.14	0.40	0.15	0.29
2.5.2 养老保险覆盖率	79.26	92.23	0.14	0.14	—
2.5.3 医疗自付比	50.08	53.92	0.07	0.07	—

续表

项　　目	BDI	x^{dvpt}	Loss	ine^{IR}	ine^{U-R}
2.5.4 贫困发生率	100.00	100.00	0	—	—
3 生态	60.36	70.10	0.14	0.25	—
3.1 空气质量	64.24	82.82	0.22	0.22	—
3.1.1 空气质量指数优良率	63.44	73.87	0.14	0.14	—
3.1.2 细颗粒物（PM2.5）浓度未达标率	45.97	84.72	0.46	0.46	—
3.1.3 臭氧浓度	83.32	89.88	0.07	0.07	—
3.2 水质量	86.57	86.57	0	0	—
3.2.1 地表水劣于 V 类水体比例	—	—	—	—	—
3.2.2 河流水质状况 Ⅲ 类以上占比	86.57	86.57	0	0	—
3.3 土壤质量	50.42	77.42	0.35	0.35	—
3.3.1 单位耕地面积化肥施用量	54.26	79.47	0.32	0.32	—
3.3.2 单位耕地面积农药使用量	46.57	75.36	0.38	0.38	—
3.4 环境治理	43.44	46.57	0.07	0.17	—
3.4.1 一般工业固体废物综合利用率	55.45	55.45	0	0	—
3.4.2 城市日均污水处理能力	31.44	37.69	0.17	0.17	—
3.5 生态保护	57.15	57.15	0	—	—
3.5.1 生态质量优良县域面积占国土面积比重	46.60	46.60	0	—	—
3.5.2 造林面积	67.70	67.70	0	—	—
4 民生	55.34	62.47	0.11	0.11	0.15
4.1 收入	38.15	53.34	0.28	0.15	0.16
4.1.1 居民人均可支配收入	36.95	53.65	0.31	0.16	0.18
4.1.2 居民人均消费支出	39.35	53.03	0.26	0.14	0.14
4.2 就业	52.64	56.27	0.06	0.15	—
4.2.1 求人倍率	68.38	68.38	0	—	—
4.2.2 调查失业率	25.71	25.71	0	—	—
4.2.3 就业参与率	63.82	74.72	0.15	0.15	—
4.3 居住	55.70	60.53	0.08	0.08	—
4.3.1 城镇人均住房建筑面积	60.16	61.94	0.03	0.03	—
4.3.2 房价收入比	48.42	56.50	0.14	0.14	—
4.3.3 农村居住便利设施普及率	58.53	63.16	0.07	0.07	—
4.4 教育	59.46	62.69	0.05	0.09	—
4.4.1 高中毛入学率	91.20	91.20	0	—	—

续表

项　　目	BDI	x^{dvpt}	Loss	ine^{IR}	ine^{U-R}
4.4.2 高中及以下阶段生师比	37.81	39.77	0.05	0.05	—
4.4.3 高中及以下阶段生均公共财政预算公用经费支出	49.38	57.09	0.14	0.14	—
4.5 医疗健康	70.73	79.54	0.11	0.10	0.14
4.5.1 婴儿死亡率	77.41	89.20	0.13	—	0.13
4.5.2 每千人口卫生技术人员数	50.09	63.08	0.21	0.06	0.16
4.5.3 出生时预期寿命	88.11	88.11	0	—	—
4.5.4 每千老年人口养老床位数	67.30	77.75	0.13	0.13	—

附录 H 平衡发展国际比较的参评国家清单

参评国家清单见表 H-1。

表 H-1 参评国家清单

序 号	国 家	序 号	国 家
1	阿根廷	29	危地马拉
2	亚美尼亚	30	洪都拉斯
3	奥地利	31	克罗地亚
4	布隆迪	32	匈牙利
5	比利时	33	印度尼西亚
6	保加利亚	34	印度
7	波黑	35	爱尔兰
8	白俄罗斯	36	伊朗
9	巴西	37	伊拉克
10	加拿大	38	以色列
11	瑞士	39	意大利
12	智利	40	日本
13	中国	41	哈萨克斯坦
14	哥伦比亚	42	吉尔吉斯斯坦
15	哥斯达黎加	43	韩国
16	塞浦路斯	44	斯里兰卡
17	捷克	45	立陶宛
18	德国	46	卢森堡
19	丹麦	47	拉脱维亚
20	埃及	48	摩尔多瓦
21	西班牙	49	马达加斯加
22	爱沙尼亚	50	墨西哥
23	芬兰	51	北马其顿
24	法国	52	马耳他
25	英国	53	蒙古
26	格鲁吉亚	54	莫桑比克
27	冈比亚	55	毛里求斯
28	希腊	56	马来西亚

续表

序　号	国　家	序　号	国　家
57	纳米比亚	70	萨尔瓦多
58	荷兰	71	塞尔维亚
59	挪威	72	斯洛伐克
60	巴基斯坦	73	斯洛文尼亚
61	巴拿马	74	瑞典
62	秘鲁	75	突尼斯
63	菲律宾	76	土耳其
64	波兰	77	乌干达
65	葡萄牙	78	乌克兰
66	巴拉圭	79	乌拉圭
67	罗马尼亚	80	美国
68	俄罗斯	81	越南
69	塞内加尔	82	南非